WAYNE W. DYER

Glücklichsein ist der Weg

GOLDMANN
Lesen erleben

Buch

Der beliebte spirituelle Autor Wayne W. Dyer war auch als »Vater der Motivation« bekannt und mit seiner positiven Lebenseinstellung ein Vorbild für viele. »Glücklichsein ist der Weg« versammelt seine inspirierenden Lehren, die Rat und Beistand für sämtliche Lebenslagen bieten. Ausgehend von den Auswirkungen unserer Erwartungen, Einstellungen und Entscheidungen erklärt Dyer, wie wir letztlich zu bewusster Selbstbestimmung und wahrem Erfolg finden. So können wir endlich den Weg zu dem Leben erkennen, das wir uns immer erträumt haben.

Autor

Wayne W. Dyer wurde 1940 geboren. Er gehört zu den meistgelesenen Autoren auf dem Gebiet der Lebensratgeber und der Selbsthilfe. Seine Bücher wurden weltweit über 50 Millionen Mal verkauft, hinzu kommen Audio-Programme und DVDs. Zu seinen bekanntesten Büchern gehören: »Mit Absicht. Den eigenen Lebensplan kennen und verwirklichen«, »Ändere deine Gedanken – und dein Leben ändert sich« sowie »Keine Ausreden. Wie wir destruktive Denkmuster ändern können«. Wayne Dyer starb 2015 im Alter von 75 Jahren auf Maui, Hawaii.

Wayne W. Dyer

GLÜCKLICH SEIN IST DER WEG

Mit 9 zentralen Fragen
für einen Perspektivwechsel im Leben

Aus dem amerikanischen Englisch
von Jochen Lehner

GOLDMANN

Die amerikanische Originalausgabe erschien 2019 unter dem Titel
»Happiness is the Way« bei Hay House Inc. US.

Dieses Buch ist auch als E-Book erhältlich.

MIX
Papier aus verantwortungsvollen Quellen
FSC® C014496

Penguin Random House Verlagsgruppe FSC® N001967

1. Auflage
Deutsche Erstausgabe November 2020

Umschlaggestaltung: UNO Werbeagentur GmbH, München,
nach einer Gestaltung von TheBookDesigners.com und Bryn Starr Best
Umschlagmotiv: TheBookDesigners.com
Lektorat: Anne Nordmann, Berlin
JG · Herstellung: cb
Satz: Buch-Werkstatt GmbH, Bad Abiling
Druck und Bindung: GGP Media GmbH, Pößneck
Printed in Germany
ISBN 978-3-442-22298-8

Besuchen Sie den Goldmann Verlag im Netz

Inhalt

Vorwort 7

Geleitwort des Verlags 11

Erster Teil
Verantwortung heißt: mündig antworten 15

1. Die Einstellung ist alles 17
2. Du hast die Wahl 38
3. Was erwartest du? 61
4. Wer du wirklich bist 77

Zweiter Teil
Wahrer Erfolg 97

5. Die inneren Signale beachten 99
6. Sei kein Schwarzmaler 113
7. Erleuchtete Vorbilder 126
8. Mit Liebe führen 143

Dritter Teil
Dein Lebensauftrag 157

9. Vom Sinn und Zweck deines Lebens 159
10. Folge deinem Glück 177
11. Den eigenen Garten bestellen 206

12. Neun Fragen zur Einleitung
anstehender Veränderungen 224

Über den Autor 237

Vorwort

Über gut fünfundzwanzig Jahre habe ich fast täglich mit Wayne Dyer gesprochen. Er gehörte zu meinen besten Freunden, und es ist mir ein persönliches Anliegen, sein Werk zum Nutzen anderer so lange wie möglich lebendig zu halten.

Wayne ist immer bei mir, auch wenn er diese Ebene der Verkörperung am 30. August 2015 verlassen hat. Während ich dieses Vorwort von Hand niederschreibe, wie er selbst ja auch die meisten seiner Bücher geschrieben hat, spüre ich am Kribbeln in meinem Körper und an meiner Gänsehaut, dass er da ist. Dieses Buch ist aus Waynes Tonbandaufnahmen entstanden, die von so vielen Menschen mit Begeisterung gehört wurden – und mir bei meiner ersten Begegnung mit ihm ziemlichen Ärger eingetragen haben.

Der Verlag Hay House veranstaltete im Paramount Theater in New Yorks Madison Square Garden ein Seminar mit dem Titel »Vision of the Future« – Zukunftsvision. Sechstausend Teilnehmer hatten gebucht, wir waren ausverkauft. Neben Louise Hay und einigen anderen trat auch Wayne Dyer auf. Wayne war aufgeregt. Seit den Tagen seiner Lehrtätigkeit an der St. John's University hatte er davon geträumt, einmal im Madison Square Garden aufzutreten.

Wayne kam in Begleitung seiner Frau Marcie, damit sie das Ereignis zusammen feiern konnten. Er hielt einen wie immer mitreißenden Vortrag, und anschließend drängten sich die Leute um den Büchertisch, um ein persönlich signiertes Buch von ihm zu ergattern – aber wir konnten ihnen nur die Tapes bieten. Wayne hatte die letzten Jahre kein neues Buch veröffentlicht, und die älteren waren inzwischen als billige Taschenbücher im Handel, was sich für den Verlag Hay House einfach nicht rechnete. Deshalb hatten wir uns entschlossen, nur die Kassettensets für fünfzig Dollar mitzubringen.

Das fanden die Leute gar nicht gut und schwärmten aus, um in den Buchhandlungen ringsum Waynes Bücher aufzukaufen und dann von ihm signieren zu lassen. Natürlich erzählten sie ihm auch davon.

Später kamen Marcie und er mir zufällig auf der Treppe unseres Hotels entgegen. Es war unsere erste Begegnung. Die beiden waren wohl auf dem Weg zum Dinner, und als sie an mir vorbeigingen, hörte ich ihn sagen: »Möchte bloß wissen, wer dieser Reid Tracy von Hay House ist. Sie sagen alle, es war seine Entscheidung, meine Bücher nicht auszulegen. Ich bin doch ein Autor, meine Bücher müssen einfach da sein, wenn ich irgendwo spreche.«

Ich gab mich natürlich nicht sofort zu erkennen, und zum Glück ließ sich die Sache dann irgendwie aus der Welt schaffen, sodass wir bei Hay House noch etliche von Waynes weiteren Büchern verlegen konnten. Später haben wir überall auf der Welt viele weitere Events für Wayne ausgerichtet. Bei allen waren seine Bücher zu haben.

Das ist sicher nicht der typische Beginn einer langen Beziehung, aber so war er einfach: immer bereit, dem anderen noch mal eine Chance zu geben.

Als wir Freunde geworden waren, telefonierten wir fast täglich miteinander oder trafen uns bei Veranstaltungen des Verlags. Wenn während der Urlaube mit meiner Familie oder auch am Wochenende das Telefon klingelte, sagte Kristina, meine Frau: »Das dürfte Wayne sein. Geh du ran.«

Später schrieben Kristina und Wayne auf der Grundlage seiner Arbeit eine ganze Reihe Kinderbücher zusammen, darunter den New-York-Times-Bestseller *Incredible You!*

Als ich *Glücklichsein ist der Weg* las, hörte ich fast jedes Wort mit Waynes Stimme gesprochen. Gleich kam die Erinnerung an sein wunderbares Erzähltalent, und mir wurde bewusst, wie sehr mir die täglichen Gespräche mit ihm fehlen.

Ich hoffe, dass Ihnen Waynes zeitlose Weisheit so viel gibt wie mir.

Reid Tracy

Geleitwort des Verlags

»Wenn du deine Sicht auf die Dinge veränderst, verändern sich die Dinge, die du siehst.«

Das hat Wayne Dyer immer wieder gesagt, und es inspirierte uns auch bei der Arbeit an diesem Buch. Was Sie hier lesen werden, ist Vorträgen und Präsentationen entnommen, die er im Laufe vieler Jahre vor ganz unterschiedlich zusammengesetztem Publikum gehalten hat. Bei all der Vielgestaltigkeit fällt jedoch auf, dass es ein paar Kernthemen gab, auf die er immer wieder zurückkam. Sie sind auf den Seiten dieses Buchs lebendig.

Im ersten Teil geht es um die Auswirkungen unserer Einstellungen, Entscheidungen und Erwartungen, letztlich um ein Gefühl von »Empowerment« oder bewusster Selbstbestimmung, wenn wir erkannt haben, dass wir auf alles, was uns im Leben begegnet, eigenverantwortlich reagieren können. Der zweite Teil wirft einen prüfenden Blick auf das, was wir unter Erfolg verstehen. Er zeigt, wie unzeitgemäß unser westlicher Erfolgsbegriff ist – und dass Sie wahrscheinlich viel erfolgreicher sind, als Sie dachten, auch wenn Sie vielleicht mit Schwierigkeiten zu kämpfen haben. Der dritte Teil handelt von der Bedeutung einer persönlichen Lebensaufgabe. Er stellt ein paar gezielte Fragen, mit deren Hilfe wir den Weg zu dem Leben finden können, das wir uns erträumen.

Wir empfehlen Ihnen, bei der Lektüre ein Notiz- oder Tagebuch bereitzuhalten, um sich Einfälle zu notieren, auf die Sie später zurückkommen möchten. Zu jedem Kapitel gibt es auch eine »Tagebuchübung«, die Ihnen die Aufnahme der Kernaussagen dieses Buchs erleichtert. So gelangen Sie schließlich zu »einer völlig neuen Art, auf kreative Weise lebendig, gesund und glücklich zu sein«, wie Wayne es formuliert hat.

Wayne liebte es, sich mit Leuten zu unterhalten, sei es das Lektoratsteam hier bei Hay House, seien es Leute aus dem Publikum bei seinen Vorträgen oder einfach Menschen, denen er bei Strandspaziergängen in der Nähe seines Wohnorts im Maui County, Hawaii, begegnete. Er war dabei immer er selbst, authentisch, klug, humorvoll und liebevoll. Er besaß ein Gespür dafür, tiefgründige und auch ganz diesseitige Dinge so anschaulich zu vermitteln, dass sie bei jedem, mit dem er sprach, wirklich ankamen. Aber er bekam auch viel von anderen und sagte gern: »Jeder, den ich treffe, ist ein Roman.« Er betonte, er lerne von anderen genauso viel wie sie von ihm, und er war davon überzeugt, dass jeder den Samen für Größe in sich trägt.

In diesem Buch macht Wayne klar, dass es kein Zaubermittel gibt, mit dem wir all das bekommen, was wir uns vom Leben wünschen. Alles, was Sie sich je wünschen könnten, ist in Ihnen selbst zu finden, dazu müssen Sie einfach nur umdenken. Ihre derzeitigen Lebensumstände mögen sein, wie sie wollen, es steht Ihnen immer frei, sie zu ändern. »Glück«, sagte er gern, »ist keine Endstation im Leben, etwas, wo du ankommst. Glück ist eine Art, unterwegs zu sein, es liegt darin, wie du deinen Weg gehst – jeden Schritt mit Liebe.« Die Dinge anders zu betrachten bringt uns auf diesem Weg voran, der uns schließlich zur Erleuchtung führt.

Wayne fehlt uns allen sehr, aber wie froh sind wir zugleich, seine tröstenden, inspirierenden und erheiternden Worte zu haben. Hoffentlich kann dieses Buch auch Ihnen solche Gefühle vermitteln.

Das Lektoratsteam von Hay House

Erster Teil

Verantwortung heißt: mündig antworten

Es kommt darauf an, worauf wir unser Augenmerk richten. Wir können uns glücklich oder unglücklich machen, der Aufwand ist der gleiche.

Carlos Castaneda

1

Die Einstellung ist alles

Menschliches Verhalten ist ein Thema, das mich über weite Strecken meines Lebens beschäftigt hat und auf das ich immer wieder zurückgekommen bin – bei meiner Promotion, bei der Arbeit als Professor und Berater, beim Bücherschreiben. Ich habe in diesem Zusammenhang sehr viel von dem kennengelernt, was im Laufe der Jahrhunderte über Glück und das Streben nach Glück geschrieben worden ist. So viele Menschen sind ihr Leben lang auf der Suche nach dem Glück und meinen, es sei anderswo oder in anderen zu finden. Ein Grundirrtum. Mir hat sich nach und nach erschlossen, dass Glück etwas ist, das wir *sind* und das durch die Art und Weise kommt, wie wir denken.

Glück ist etwas Inneres. Es ist bereits da und kostet dich nur den Entschluss, es in Besitz zu nehmen. Da du es in dir hast, kannst du es in alles einbringen, was du tust, in deine Arbeit, in deine Beziehungen. In welchem Zusammenhang auch immer – du hast es bereits und musst es dir nicht erst erringen.

Ich erlebe aber immer wieder, dass die Leute hier einiges durcheinanderbringen. Sie schreiben ihr Fühlen und Erleben gern äußeren Dingen zu. Sie denken oder sagen: »*Du* hast mich gekränkt.« »Wegen *dir* fühle ich mich mies.« »*Du* bringst mich in Verlegenheit.« »*Du* machst mich gerade unglücklich.« Vielleicht sagen sie auch: »Dieser ganze Unfrieden in der Welt macht mir zu schaffen, wer da im Weißen Haus sitzt, passt mir gar nicht, und wenn ich mir den Aktienmarkt ansehe, werde ich richtig deprimiert.« Aber so funktioniert unser Planet nicht – nichts Äußeres ist für deine Verärgerung, deinen Trübsinn oder dein Glück verantwortlich.

Wenn du ein wirklich glücklicher Mensch sein möchtest, musst du als Erstes verinnerlichen, dass alles, was dir im Leben begegnet, von deiner Wahrnehmung dessen abhängt, was da draußen in der Welt vor sich geht. Anders gesagt, du musst dich für alles in deinem Leben selbst verantwortlich fühlen. In dem Wort »Verantwortung« oder »Verantwortlichkeit« steckt das Antworten, aber das muss für mein Verständnis ein kompetentes und kluges Antworten sein: Ich besitze die Fähigkeit zu antworten, und ich antworte mündig. Das bedeutet, wie ich jetzt schon so viele Jahre zu vermitteln bemüht bin, dass ich für alles in meinem Leben die Verantwortung übernehme.

Saft und Flamme

Stell dir eine Orange vor. Was passiert, wenn du sie ganz fest drückst? Na, Saft tritt aus. Und weshalb kommt aus einer gequetschten Orange Saft? Weil er in ihr drin ist.

Spielt es eine Rolle, wer da presst? Spielt es eine Rolle, wie man es macht oder mit welchem Werkzeug oder zu welcher Tageszeit? Nein. Man presst eine Orange, und was herauskommt, ist immer das, was in ihr war. Wenn man nun einen Menschen presst, also irgendwie unter Druck setzt, ist das, was dann an Ärger, Hass, Stress oder Bedrückung »austritt«, nicht dem zuzuschreiben, der den Druck ausübt oder wie oder wann er das macht. Es ist einfach das, was bereits in dem bedrängten Menschen drin war. Was nicht in dir ist, kommt auch nicht heraus, da mögen die Umstände sein, wie sie wollen. Wenn du im Straßenverkehr geschnitten wirst und dich furchtbar aufregst, ist das Verhalten des anderen nur der Anlass, während die Bereitschaft, aus der Haut zu fahren, schon in dir war. Und wenn du sie nicht mehr mit dir trägst, kann dich kein Fehlverhalten eines anderen mehr in Rage bringen. Deshalb mag ich diesen Eleanor Roosevelt zugeschriebenen Spruch: »Niemand kann dich ohne dein Einverständnis dazu bringen, dich minderwertig zu fühlen.« Niemand kann dich in die Depression treiben, niemand kann dir Angst einjagen, niemand kann dich kränken: Niemand macht dich zu etwas, dem du nicht innerlich zustimmst.

Bei allem, was dir begegnet oder passiert, hast du eine Stimme. Du erschaffst es. Wenn du bei der Arbeit mit jemandem nicht zurechtkommst, wenn du Beziehungsprobleme hast oder dich untergebuttert fühlst, wenn deine Kinder keinen Respekt vor dir haben, dann richte deinen Blick erst einmal auf dich selbst und frage dich: »Was ist da los mit mir und was kann ich ändern, damit ich mich nicht immer als Opfer fühle?« Bleib nicht bei diesem reflexhaften »Wie kann ich die Welt ändern, wie kann ich die Menschen veranlassen, sich zu ändern?«. Alles, was dich ärgert oder aufregt oder nervt, ist in Wirklichkeit dein eigener Ärger, deine eigene Aufregung und deine eigene Genervtheit. Es ist wirklich alles deins, es gehört dir, es gehört zu niemandem sonst.

Wenn du jemandem vorwirfst, eine Nervensäge zu sein, sagst du ja eigentlich: »Wenn dieser Mensch nur anders wäre, müsste ich mich nicht so über ihn ärgern.« Irgendwo auf deinem Weg zur Erleuchtung kommt es jedoch zu einer interessanten Kehrtwendung: Wenn du mit Leuten zu tun hast, die sich dir gegenüber so verhalten, wie du das früher als ärgerlich empfunden hättest, siehst du auf einmal, dass das nur mit ihnen selbst zu tun hat. Du beziehst es nicht mehr auf dich. Und jetzt kommt es zu dem, was ich eine mündige Antwort nenne. Du sagst dir: »Sie sind, wie sie sind, und sie benehmen sich so, wie sie es im Moment für richtig halten. Ich werde deshalb jetzt als das reagieren, was ich bin, und ich bin Liebe, Freundlichkeit und Toleranz. Dann komme ich mit dem Verhalten der anderen schon irgendwie zurecht oder kann es einfach ignorieren. Jedenfalls muss ich es nicht auf mich beziehen und mache es mir nicht zu eigen – es gehört ganz ihnen.«

Die Frage ist nicht, ob du Probleme hast oder nicht. Es geht um deine *Einstellung* gegenüber Problemen.

Meine persönliche Entwicklung hat mir gezeigt, dass sich jeder uneingeschränkt selbst für seine innere Entwicklung zuständig fühlen muss. Und um unsere innere Entwicklung kümmern wir uns auf unserem Weg durchs Leben längst nicht immer so, wie es gut wäre.

Stell dir eine brennende Kerze vor. Wenn du mit ihr ins Freie gehst, wird der Wind sie wahrscheinlich bald ausblasen. In gleicher Weise begegnest du da draußen allen möglichen Kräften, die dir den Eindruck vermitteln, deine innere Kerzenflamme, dein Menschsein, werde immer wieder ausgeblasen.

Tatsächlich kannst du aber selbst dafür sorgen, dass deine innere Flamme nicht einmal flackert. Um dich herum passiert alles Mögliche, worauf du keinen Einfluss hast. Die Stürme des Lebens umtosen dich und schlagen mal als Krankheit, mal als Unfall oder als irgendetwas nicht Vorhersehbares zu, aber deine innere Kerzenflamme gehört wirklich ganz dir und nur dir. Du kannst dir deine Welt immer so zurechtlegen, wie es dir am besten dient, und nicht so, dass es dich ihr entfremdet oder dich fertigmacht. Vielleicht besteht überhaupt das Höchste, was man im Leben erreichen kann, in der Erkenntnis, dass die Kerzenflamme, Symbol deiner inneren Entwicklung, immer und unter allen Umständen hell und stark bleiben kann. Das führt uns zurück zum Gedanken der Eigentümerschaft: Durch die Erkenntnis, dass es letztlich einzig von dir abhängt, was in dir vorgeht, nimmst du dein Leben wieder selbst in die Hand. Es gehört alles dir.

Unbegrenztes Leben

Je länger ich über Verantwortung und Glück nachdenke und schreibe, desto klarer sehe ich, dass es offenbar drei Arten von Menschen gibt. Die der ersten Art gehen mit Anspannung, Stress und Schmerzen durchs Leben. Dann gibt es andere, die nicht so schlimm dran sind, aber doch nicht alles aus ihrem Leben machen, was möglich wäre. Beim dritten Typ, den die Welt, wie ich glaube, vermehrt braucht, handelt es sich um Menschen, die keine Grenzen für die Entwicklung ihres Lebens kennen oder anerkennen und die darauf aus sind, das Allerbeste aus ihrem Leben zu machen. Ich nenne sie »Menschen ohne Grenzen« oder »unbegrenzte Menschen«.

Viele, die vor mir auf diesem Gebiet der Psychologie und Selbstverwirklichung tätig waren, gingen davon aus, dass es hier ein paar Auserwählte gibt, Menschen der ganz besonderen Art. Ich sehe das anders. Nach meiner Überzeugung ist ein erwachtes Leben, ein Leben ohne Grenzen uns allen möglich. Ich glaube fest daran, dass jeder die Höhe des Menschenmöglichen erreichen und von dort aus in der Welt wirken kann.

Während meiner Zeit als Berater und Therapeut in New York habe ich im Gespräch mit all den Leuten, die Lösungen für ihre Lebensprobleme suchten, immer wieder das Gleiche erlebt. Es mochten Anwälte, Hausfrauen oder Taxifahrer sein, immer wieder lief es darauf hinaus, dass sie sich bei mir beschwerten: »Na hören Sie mal! Aus Ihrem Mund klingt das alles so einfach. Wie kommen Sie darauf? Es ist alles andere als einfach!« Doch, es *ist* einfach, und bis heute frage ich mich, weshalb jemand Gesundheit, Glück und menschliches Miteinander gegen etwas Schwieriges und Kompliziertes eintauschen möchte.

Nach einem meiner Vorträge trat eine Frau an mich heran und sagte: »Okay, jetzt habe ich Ihnen anderthalb Stunden zugehört, und es hat mich wirklich aufgebaut. Aber mal ehrlich, sind Sie nicht auch ab und zu deprimiert?«

»Nein, gar nicht«, gab ich zurück.

»Wie deprimierend«, sagte sie, »ich hatte wirklich gehofft, dass Sie Ja sagen.«

Nun treten ja in Talkshows immer wieder Pop-Psychologen auf, die behaupten, es sei ganz natürlich, dass man mal deprimiert oder nervös oder unglücklich ist. Das sei einfach menschlich.

Diese Frau wollte von mir auch so etwas hören, aber ich glaube einfach nicht, dass solche Regungen und Zustände natürlich oder normal oder menschlich sind. Für mich ist das einfach nur unsinnig, weil wir uns damit selbst im Wege stehen. Uns ist eingeimpft worden, dass das Leben uns übel mitspielt und wir entsprechend down, aufgeschmissen und deprimiert zu sein haben, aber das stimmt einfach nicht.

Bei einem meiner Fernsehauftritte wurde ich vom Moderator gefragt: »Ich weiß, dass Sie ein sehr positiver Mensch sind, aber nicht alle bringen die Voraussetzungen mit, die bei Ihnen gegeben sind. Nicht jeder hat ein Leben wie Sie, und nicht jeder besitzt Ihre Intelligenz. Es gibt ja auch Leute, die im strömenden Regen auf den Bus warten, und dann kommt er nicht. Dann fährt auch noch jemand durch eine Pfütze und spritzt sie pitschnass, und Sie meinen, man müsse auch dann wohlgemut und positiv sein können?«

Ich sagte: »Also, der Unterschied zwischen einem sich selbst behindernden und einem unbegrenzten Menschen liegt nicht darin, ob man Probleme hat oder nicht. Wir alle haben Probleme, mit denen wir uns Tag für Tag auseinandersetzen müssen. Wir alle warten mal im Regen auf den Bus, wir alle müssen mit der schleichenden Geldentwertung zurechtkommen, wir alle werden alt, werden krank und sind auch mal von unseren Kindern enttäuscht …

Der Unterschied liegt in der Haltung gegenüber den Problemen. Der unbegrenzte Mensch erkennt das Entwicklungspotenzial in jeder Situation und begegnet Problemen nicht mit der Einstellung, dass sie eigentlich nicht existieren dürften. Er geht nicht raus in den Regen und schimpft dann, dass es eigentlich gar nicht regnen dürfte, weil es März ist und der Wetterbericht gesagt hat, dass es nicht regnet, schließlich hat es ja letztes Jahr im März auch nicht geregnet. Leute, deren Gedanken sich nur um das eigene Ich drehen, reden ständig so und behindern sich selbst damit.«

Um es ein bisschen zu überzeichnen: Wenn man einen nicht begrenzten Menschen nach der Uhrzeit fragt, sagt er einfach: »Vier.« Ein Mensch, der sich selbst im Weg steht, würde stattdessen umständlich antworten und vielleicht sagen: »Zwei mal zwei ist vier, aber vier ist so langweilig, ständig ist es vier, ich hab's so satt, warum kann es nicht endlich mal wieder fünf sein?«

Der Unterschied liegt auf der Hand, nicht wahr? Ein Psychotiker würde auf die gleiche Frage vielleicht »siebenunddreißig« oder sonst irgendetwas antworten, was ihm gerad in den Sinn kommt, aber solche Menschen stehen sich nicht einfach nur selbst im Weg, sondern müssen beschützt werden.

Betrachten wir noch ein Beispiel, eine Verspätung am Flughafen. Ein vorwiegend mit sich selbst beschäftigter Mensch kann sich dann gehörig aufregen, weil er immer ein Auge auf solche kleinen Pannen hat: »Meine Güte, immer wieder diese

Airline! Das ist schon das fünfte Mal diesen Monat, dass sie zu spät dran sind.« Und weil man sich an jedes einzelne Mal erinnert, kann man sich jetzt fünffach aufregen. Stattdessen könnte man etwas lesen, Leute kennenlernen oder vom Beobachtungsdeck aus den Flugbetrieb verfolgen. Ein weniger egozentrischer Mensch würde alles andere lieber tun, als herumzusitzen und sich über die Welt zu beklagen.

Ich bin in Detroit aufgewachsen. Sieben oder acht Jahre lang musste ich jeden Tag quer durch die Stadt zur Wayne State University fahren, manchmal zwei- oder auch dreimal am Tag. Und wenn der Verkehr stockte, drehte ich durch. Ich hätte die Zeit, in der nichts vorwärtsging, kreativ nutzen können, doch stattdessen kochte ich: »Da haben wir es wieder. Das musste ja so kommen.« Dem Verkehr ist das egal. Er staut sich einfach. Ob du dich aufregst oder nicht, er stockt, bis er nicht mehr stockt, fertig. Mehr lässt sich darüber nicht sagen.

Wenn ich heute in einen Stau gerate, habe ich viele Alternativen neben dem Durchdrehen. Vielleicht komme ich mit anderen Gestrandeten ins Gespräch, oder ich skizziere auf dem Handy Briefe und sonstige Mitteilungen oder höre Radio. Bei der Fahrt zur Universität und zurück könnte man innerhalb von ein paar Jahren eine neue Sprache erlernen, man muss dazu nur die entsprechenden Medien bei sich haben.

Man kann aber auch die Haltung einnehmen, dass so etwas nicht sein darf, und dann wird man am Abend die Kinder anschreien. Wenn die sich dann fragen: »Was hat er denn nur wieder?«, lautet die Antwort: »Der Verkehr, der macht ihn fertig.« Dann kann man sich seine drei Martinis genehmigen.

Die Fragen gehen weiter. »Weshalb trinkt er so viel?«

»Das macht der Verkehr.«

»Weshalb wollen sich Mami und Papi scheiden lassen?«

»Der Verkehr. Das macht alles der Verkehr, verstehst du?«

»Weshalb hat Papi Magengeschwüre?«

»Das liegt alles am Verkehr.«

Dann die Aussegnungshalle. »Was macht Papi jetzt schon da drin? Er ist doch erst dreiundvierzig.«

»Der Verkehr, der hat deinen Vater umgebracht.«

Wie ein solches Szenario verläuft, ist ganz und gar dir überlassen. Und so ist es bei fast allem in deinem Leben. Noch einmal: Gegen die Stürme da draußen kannst du nicht viel unternehmen, aber du bestimmst selbst, was in dir vorgeht, du kannst dafür sorgen, dass die Flamme weiterhin hell leuchtet.

Wie lässt du mit dir umspringen?

Hier eine kleine Regel, die sich immer wieder als gültig erweist: Menschen behandeln dich so, wie du es ihnen beibringst. Wenn dich also jemand anders behandelt, als du es dir wünschst, dann sieh dir einmal an, auf was du ihn oder sie dressiert und trainiert hast.

Menschen, die sich selbst im Weg stehen, können die Dinge durchaus richtig sehen, wehren sich aber gegen sie. Sie möchten die Realität anders haben und beklagen sich: »Wärst du ein bisschen mehr so wie ich, müsste ich mich jetzt nicht über dich ärgern. Wärst du nicht so, wie du bist, könnte ich glücklich sein.

Wären die Ölpreise nicht so gestiegen, wäre die Arbeitslosigkeit nicht so hoch, wäre doch dies nicht, wäre doch das nicht.« Sie sehen sich um und kommen zu dem Schluss, dass irgendwer schuld sein muss. Man merkt es schon an der Wahl ihrer Worte. Sie sagen zum Beispiel: »Du kannst jetzt nicht mit mir rechnen, ich habe gerade einen Angstanfall.«

Es gibt aber da draußen kein Ding oder Wesen namens Angst, und ganz bestimmt fällt es niemanden an. Es gibt nur Menschen, die sich ständig von Angstgedanken umtreiben lassen. Wenn man lernt, sich von Angstgedanken nicht mitreißen zu lassen, kann man mit allem zurechtkommen, wie schlimm die Verhältnisse auch aussehen mögen. Steigende Preise, Steuern und Arbeitslosigkeit, ein Jobverlust, Kinder, die einen enttäuschen, jemand in deiner Umgebung wird krank oder stirbt oder flippt aus, ein anderer tut einfach nicht das, was du möchtest, und dann geht auch noch der Backofen kaputt. All das kommt in einem Menschenleben vor. Wenn man damit umzugehen lernt, ist man bei der nächsten Krise sattelfest und kann sie bewältigen, statt sich als Opfer zu fühlen. Wenn du von allem, was in der Welt passiert, immer nur schockiert oder unangenehm überrascht bist, wenn du bestürzt reagierst und die Dinge anders haben möchtest, als sie sind, ist das keine Reaktion, die man als angemessen oder geschickt oder mündig bezeichnen könnte.

Schuldzuweisungen sind nicht erlaubt, wenn irgendetwas im Leben nicht rundläuft. Wenn du herumgeschubst wirst und dich als Opfer fühlst, wenn du mit bestimmten Umständen nicht zurechtkommst, wenn du untergebuttert wirst oder dir sagen musst, dass deine Kinder oder deine Eltern dir gegenüber respektlos sind, wenn du in bestimmten Schulfächern nicht mithalten kannst oder wenn du meinst, dein Chef habe es auf dich abgesehen – in all diesen Fällen hast du den anderen beigebracht, dich so zu behandeln.

Ich hatte einmal eine Klientin, die mir erzählte, wie schlecht es ihr gehe, weil sie mit einem Alkoholiker verheiratet sei. »Und was ist da so schlimm?«, fragte ich.

Sie sagte: »Er nuschelt, er wiederholt sich ständig, er riecht nicht gut, es ist wirklich unangenehm, sich in seiner Nähe aufzuhalten.«

»Ich weiß nicht, ob ich das richtig verstanden habe«, gab ich zurück. »Sie sagen, Sie sind mit einem Alkoholiker verheiratet, der nuschelt, sich wiederholt, übel riecht und irgendwie ein bisschen neben der Kappe ist. Also, die Alkoholiker, die ich bisher kennengelernt habe, waren alle so. Wir haben hier jemanden, der sich genau so verhält, wie man es von einem Alkoholiker erwarten würde. Und dann sind Sie da und sagen, Sie sind mit so einem verheiratet, aber Sie erwarten von ihm, dass er nüchtern ist. Also wer ist da verrückt, der Alkoholiker, der sich wie ein Alkoholiker verhält, oder Sie, die von einem anderen erwartet, er soll etwas anderes sein, als er ist?

Er ist, wie er ist! Weshalb wollen Sie sich zusätzlich das Leben mit quälenden Gedanken sauer machen, mit Gedanken, deren bloßes Vorhandensein Sie nur quält. Es wäre Ihnen doch sicher wohler, wenn Sie diese Gedanken nicht hätten. Warum sagen Sie sich nicht, dass Sie sich mit Gedanken, die ständig Ihr Elend beschwören, nur noch mehr Elend aufhalsen? Machen Sie sich einmal klar, dass Sie sich andauernd diese Elendsgeschichte erzählen. Es geht Ihnen so mies, weil *Sie* das zulassen. Die Veränderungen müssen von Ihnen ausgehen, nicht von Ihrem Mann.«

Und das gilt nicht nur für meine Klientin: Wenn du irgendetwas nicht kannst, wenn dir Hindernisse in den Weg gelegt werden oder deine Beziehung irgendwie nicht gut läuft oder es beruflich irgendwo hapert, dann frag dich, auf welchen Überzeugungen das alles beruht. Hinter all diesen Dingen stecken nämlich Gedanken oder Glaubenssätze, und die lassen sich ändern. Ich habe das im Laufe meines Lebens oft gemacht. Beim Tennis beispielsweise, das ich jahrelang täglich gespielt habe. Dabei hatte ich früh die Überzeugung gewonnen, dass ich keine Rückhand kann. Ich habe mir diesen Unsinn lange eingeredet, aber irgendwann wollte ich es ändern. Ich habe dann nicht nur sehr eifrig trainiert, sondern auch angefangen, all das zu visualisieren, was zu einem richtig guten Rückhandspiel gehört. Genauso habe ich es später mit Stoppbällen gemacht, statt mir zu sagen: »Das kann ich ja doch nicht«, und entsprechende Misserfolge einzuheimsen. Ich rede mir einfach nicht mehr ein, dass ich einen Lob oder einen Spin-Aufschlag oder sonst irgendetwas ganz bestimmt nicht hinkriege.

Sagst du dir bei einer Sache immer wieder, dass du es nicht kannst, wirst du dich so verhalten, dass sich dein Glaube bewahrheitet. Egal ob es um Tennis oder um gewichtigere Dinge geht – denk einfach um. Mal dir innerlich aus, wie du alles schaffst und hast, was du dir vom Leben wünschst. Du wirst sehen: Wie du denkst, so wird es auch.

Du kannst in so gut wie jeder Situation eigenverantwortlich auf das Verhalten anderer dir gegenüber reagieren. So habe ich zum Beispiel festgestellt, dass es bei Leuten, die mich respektlos behandeln, am besten ist, ihnen klarzumachen, dass ich da nicht mitspiele. Wenn ich also in irgendeinem Geschäft oder Büro unfreundlich behandelt werde, sage ich mir erst einmal, dass ich das nicht auf mich beziehen muss, sondern es sich einfach um das Verhalten des anderen handelt. Es gehört ihm oder ihr. Dann versuche ich freundlich und verständnisvoll zu reagieren, aber wenn das nicht anschlägt, suche ich mir jemand anderen oder wende mich an Vorgesetzte wie etwa den Abteilungsleiter. Oder ich gehe ganz weg. Jedenfalls bleibe ich nicht einfach da und lasse mit mir Schlitten fahren, denn wenn ich so etwas durchgehen lasse, gebe ich dem anderen ja das Signal, dass er so mit mir umspringen kann.

Es ist ganz erstaunlich, was freundliche und liebevolle Reaktionen bewirken können. Meistens fällt den Leuten dann gleich auf, dass es nicht angeht, dich schlecht zu behandeln. Aber wenn es mal nicht funktioniert, musst du auf einen Plan B oder sogar C oder D zurückgreifen können. Jedenfalls darfst du nicht von deinem Wert als Mensch abrücken.

Vielleicht hilft es weiter, dich selbst als etwas sehr Wertvolles zu betrachten, womit man behutsam umgehen muss. Stell dir vor, du wärst Besitzer einer extrem wertvollen alten Vase. Die würdest du doch sicher nicht achtlos behandeln. Du würdest nicht Fangen damit spielen, du würdest sie nicht hinwerfen, du würdest sie so aufstellen, dass sie nicht beschädigt werden kann.

Mit dir selbst ist es nicht anders. Solange du dich als wertvoll und wichtig wahrnimmst, lässt du unter keinen Umständen zu, dass dich jemand beschimpft oder schlecht behandelt. Und schlechte Behandlung, auch der eigenen Person, etwa durch Rauchen, unmäßiges Trinken oder Gefräßigkeit, beruht so gut wie immer auf dem Glauben, dass da etwas Wertloses ist, das ich ruhig misshandeln kann. Da mangelt es an Wertschätzung der eigenen Person.

Auch bei den meisten Menschen, die sich einsam fühlen, ist es so, dass sie sich selbst nicht mögen und deshalb nicht gern mit sich allein sind. Solange du den Menschen magst, mit dem du allein bist, fühlt sich das Alleinsein nicht einsam, sondern wunderbar an. Du freust dich über die Gelegenheit, bei diesem tollen Menschen zu sein. Aber wenn dieser Mensch dir nicht passt oder du ihn vielleicht ein bisschen verachtest, empfindest du immer eine Leere, und die versuchst du dann mit anderen zu füllen.

Stell dir vor, du hättest schon als Kind gelernt, du dürftest dich selbst nicht lieben, und so nimmst du dich jetzt überallhin mit. Bei vielen Menschen ist es so, und das ist eine wirklich sehr dumme Sache. Du bist immer das, was du zu sein glaubst. Wenn du schlecht organisiert bist oder nicht kochen kannst oder bei Mathematik nur Bahnhof verstehst oder nicht besonders attraktiv oder sonst irgendetwas bist, dann nur deshalb, weil du die entsprechende Überzeugung irgendwie zugelassen hast. Wenn dir das Ergebnis nun aber nicht mehr gefällt, dann sieh zu, dass du die Schuld nicht irgendwo anders suchst, sondern fang an, dich selbst für dein Leben zuständig zu fühlen. Dein Selbstwertgefühl kann so groß sein, wie du möchtest, einfach weil es ausschließlich davon abhängt, wie du dich selbst siehst – und darüber bestimmst ganz allein du. Alles hängt von deiner Einstellung ab.

Jeder Mensch ist Bestandteil eines vollkommenen Universums, in dem alles auf Harmonie, Kooperation und Liebe beruht. Da du zu diesem vollkommenen Universum gehörst, kannst du unmöglich ein Irrtum sein. Wenn du das so siehst und jemand sich dann anmaßt, diesen Inbegriff der Vollkommenheit und Schönheit schlecht zu behandeln, würdest du so reagieren wie bei irgendeinem anderen Übergriff auf etwas Schönes: Du würdest es nicht zulassen.

Das Geheimnis der Liebe

Kennst du das Geheimnis, wie man alles, was man sich wünscht, bekommen kann, auch Erfolg und Wohlstand? Es ist das Geheimnis der Liebe. Liebe kann man nicht fordern, dann bleibt sie aus. Vielleicht kennst du Leute, die immer hinter der großen Liebe her sind und Singlebars frequentieren, wo man sich gegenseitig beäugt, stets auf der Suche nach Liebe, die doch nicht kommt.

In meinem Leben gibt es neben meinen Angehörigen etliche Menschen, die ich wirklich liebe. Weißt du, wie ich sie getroffen habe? Indem ich die Dinge getan habe, die ich mit Begeisterung tue. Tennis spiele ich sehr gern. Ich habe es sogar mal unterrichtet und spiele noch heute so oft wie möglich. Ich habe dabei Leute kennengelernt, die gute Freunde geworden sind.

Einer meiner besten Freundinnen überhaupt, Maya Lobos, bin ich beim Joggen begegnet. Ich jogge mit Begeisterung und fühle mich großartig dabei. Sie lief zufällig die gleiche Strecke, und das hat uns zu wirklich dicken Freunden gemacht. So lernt man Leute kennen. Du ziehst los und bist einfach du selbst – und da passiert dann die Liebe. Sie passiert nicht, wenn du ihr nachstellst. Ich spreche aus Erfahrung. Ich komme aus ärmlichsten Verhältnissen und bin ein reicher Mann geworden, und das ganze Geld kam immer durch Zufall zu mir. Ich hätte nie gedacht, dass ich mit Schriftstellerei reich werden würde. Natürlich habe ich mir immer große Mühe gegeben, meine Bücher an den Mann zu bringen, aber ich hatte vor dem Bestseller *Der wunde Punkt* schon sechs Bücher veröffentlicht, allesamt Flops. Diese Bücher waren eher als Lehrmaterial für Kurse gedacht, als Sachbücher im Bereich Psychologie, Gruppentherapie und so weiter, und ich fand sie wirklich nicht schlecht, aber finanziell waren es lauter Fehlschläge.

Ich selbst habe mich dabei aber keineswegs als Versager gefühlt; ich schrieb, weil es mir Spaß machte. Mein allererster veröffentlichter Artikel erschien in einer Zeitschrift namens *Educational Technology,* einem wirklich sehr unscheinbaren Blättchen aus Englewood Cliffs in New Jersey mit einer Auflage von sieben Exemplaren oder so – nur eben dieser Typ und seine Mutter und zwei Tanten und Schwestern. Aber mir war das egal. Etwas von mir ging in die Welt hinaus, und das war ein schönes Gefühl.

Ich schreibe für mich, und zwar so gut ich eben kann. Wenn du es kaufst und etwas davon hast, umso besser, aber ich habe beim Schreiben – auch meiner erfolgreichen Bücher – nie an den Verkauf gedacht. Es war eher so, als würde ich mir sagen: »Wayne, jetzt ziehst du los und machst das, was dir richtig erscheint, so wie du es immer getan hast.« Ein bisschen erstaunt es mich immer noch, dass Leute meine Bücher kaufen wollen. So weit ich zurückdenken kann, habe ich geschrieben, und es wäre mir nie in den Sinn gekommen, es aus anderen Gründen als der schieren Freude am Schreiben zu tun. Wenn du das nachvollziehen kannst, weißt du, wie es ist, wirklich zu wissen, worauf du im Leben aus bist.

Dazu fällt mir der große Psychologe Abraham Maslow ein, der die Menschen unter dem Gesichtspunkt ihrer Ziele und Bedürfnisse betrachtete und so zu einer Bedürfnishierarchie oder »Bedürfnispyramide« gelangte, an deren Spitze er das Bedürfnis nach »Selbstverwirklichung« sah. Unter gelungener Selbstverwirklichung verstand er die Fähigkeit, ganz und gar im Augenblick zu sein und dadurch alles zu transzendieren. Ein wirklich unbegrenzter und in diesem Sinne selbstverwirklichter Mensch kann aus jedem Augenblick eine Gipfelerfahrung machen. Solche Erleuchteten wissen um die Heiligkeit des Lebens und tun Tag für Tag das, was sie als sinnvoll erachten. Sie sprechen die Sprache der Dichter und Mystiker, die Sprache der Bejahung, Wertschätzung und Liebe.

Man kann sich darauf trainieren, diese Gipfelerfahrungen zu machen, von denen Maslow sprach. Wenn du in der Schlange stehst und wartest, kannst du entweder sauer und ungeduldig sein und dich ärgern – oder du machst die Augen auf. Sieh dich um, vielleicht fällt irgendwo ein Lichtstrahl durchs Fenster herein, und vielleicht macht er dich froh. Ja, dich da in der Schlange.

Du wirst feststellen, dass der Unterschied zwischen einer Blume und einem Unkraut nur in einem Urteil besteht. Wirklich. Für das Universum ist eine Blume nicht besser, aber manche Leute mögen einfach Blumen lieber. Zwischen schön und unattraktiv liegt auch nur ein Urteil. Kein einziger Mensch ist unattraktiv. »Unattraktiv« existiert nicht als Realität. Es handelt sich um einen Glauben, für den man sich entschieden hat.

Unbegrenzten Menschen ist zuinnerst bewusst, dass wir alle leiden, solange auch nur einer von uns leidet – es ist eine Aufgabe, die sich uns allen stellt. Ein chinesisches Sprichwort lautet: »Wenn du ein Jahr vorausdenken willst, säe heute etwas. Wenn du zehn Jahre vorausdenken willst, pflanze einen Baum. Um aber hundert oder mehr Jahre vorauszudenken, musst du die Menschen aufklären.« Wenn wir die Menschen aufklären, werden Generationen aufwachsen, die sich nicht mehr zu Kriegsdiensten hergeben, die nicht zu töten bereit sind, die Liebe im Sinn haben, weil sie sehen, dass wir alle eins sind.

Für Menschen, die wir persönlich kennen, bringen wir eher Mitgefühl auf, doch das liegt nur an unserem lokalen Denken. Würden wir global denken, wüssten wir, dass ein Arbeitsloser irgendwo im Ausland ein genauso großes Problem darstellt wie unser gekündigter Freund um die Ecke. Wenn Tausende Kilometer weit weg auch nur ein Kind hungert, wirkt sich das auf uns alle aus. Allzu viele Menschen halten es für selbstverständlich, dass ihre Liebe nur ganz bestimmten Menschen zusteht. Das kann so nicht stimmen, oder?

Jedem Menschen, ausnahmslos, steht Liebe zu. Viele kennen wohl das Sprichwort: »Die Sünde sollst du hassen, den Sünder lieben.« Diese grundsätzliche Lebenseinstellung ist, glaube ich, sehr wichtig für uns. Wir müssen immer davon ausgehen, dass es sich bei destruktivem Verhalten um etwas handelt, das sich ändern und korrigieren lässt. Darin können wir die Menschen unterstützen, aber wir dürfen dabei nie vergessen, dass jeder Mensch Liebe verdient hat. Wenn wir nicht so denken, schaffen wir immer neue Gegensätze, du gegen mich, wir gegen sie. Solange dieses Ich oder dieses Wir oder dieses Du für sich stehen, können wir nicht alle zusammen sein. Steigen wir also allesamt in ein Raumschiff, um zur Erde zu blicken und endlich zu begreifen, dass wir alle Bewohner dieses zerbrechlichen kleinen Planeten sind. Dann wird uns einfallen, was wir tun müssen, um miteinander auszukommen, und wir werden aufhören, noch mehr Waffen anzuhäufen, mit denen wir uns gegenseitig umbringen.

Wenn wir es nicht so machen, werden wir wohl nicht überleben. Oder es bleibt sehr viel späteren Generationen lange nach dem von uns angerichteten Unheil überlassen, endlich das zu lernen, was alle großen Denker und Mystiker gelehrt haben: dass wir Liebe sind, die Essenz dessen, was dieses große Ganze in Gang hält. Alles ist in uns. Die Wahrheit wird sich uns erst offenbaren, wenn wir erkennen, dass wir Bestandteil von ihr sind. Wir sind Teil der Wahrheit, und wir sind eins.

Tagebuchübung

Nimm dir einen Moment Zeit, um noch einmal zu rekapitulieren, was in diesem Kapitel über das Thema Einstellung gesagt worden ist. Mach dir anschließend ein paar Notizen über Bereiche deines Lebens, die mehr Eigenverantwortung vertragen würden. Wie könntest du hier zu einer neuen Einstellung finden und dich nicht länger selbst behindern? Was müsstest du tun, um ein unbegrenzter Mensch zu werden? Und wie könnte deine neue Sicht der Dinge der Welt insgesamt nützen?

2

Du hast die Wahl

Einmal musste ich in Deutschland auf einen verspäteten Flug warten und verbrachte die Zeit in einem italienischen Restaurant. Ein Kellner, Italiener, setzte mir dieses ungemein lecker aussehende Essen vor. Gleichzeitig war er wie rasend, alle Gäste gingen ihm auf den Geist. Auf seinen hektischen Gängen zwischen Küche und Gastraum blaffte er die anderen Kellner an und brachte sich nach und nach so richtig in Rage.

Schließlich winkte ich ihn heran und sagte: »Weshalb tun Sie sich das an? Ist die Sache wirklich so ernst? Sie servieren doch nur Spaghetti. Kein großes Ding. Wenn Sie so weitermachen, haben Sie einen Herzinfarkt, bevor Sie fünfzig sind.«

»Na, was erwarten Sie?«, fragte er zurück. »Ich bin Italiener.« Das schien für ihn eine ausreichende Erklärung zu sein. Unausgesprochen schwang darin mit: »Da kann man nichts machen, ich bin so geboren, ich hab halt diese kaputten Wutgene.« Ähnlich klingt es, wenn wir in der Schule schlecht in Mathe sind: »Ich kann nichts dafür, mein Vater war schon ein Versager in Mathe und mein Opa auch, das ist erblich, da machst du gar nichts.«

Bist du schüchtern? Nervös? Ängstlich? Bist du jemand, dem es ganz anders wird, wenn er vor Leuten in Erscheinung treten muss? Ärgerst du dich zu oft? Lässt du dich von anderen manipulieren oder gängeln? Scheust du dich, für das einzutreten, woran du glaubst? Verstehst du nichts vom Kochen? Bist du im Sport eine Niete? Viele Psychologen würden dir sagen, das komme aus deinem Unbewussten und deshalb könntest du gar nicht anders.

Ich bin auch ein bisschen auf diese Sicht der Dinge trainiert worden, bei der es ja häufig darum geht, jemand anderen oder die Umstände für das verantwortlich zu machen, was mit uns selbst nicht stimmt. Deshalb hört man die Leute tausend Gründe dafür vorbringen, dass sie es zu nichts gebracht haben oder unglücklich sind oder irgendetwas einfach nicht schaffen – das Schicksal lässt sie immer aus bei der Chancenvergabe.

Von Therapeuten bekommen die Leute dann zu hören: »Sie sind ein Sandwichkind, da ist das gern mal so. Da tut man sich einfach schwer mit einer ganz eigenen Identität.« Oder man ist ein Einzelkind oder das jüngste von zwölf Geschwistern, immer unter der Aufsicht von elf Sonder-Eltern, und alle sagen einem ständig, was man zu tun hat. Oder man war der Älteste und musste als Ersatzvater für neun jüngere Geschwister herhalten – irgendetwas in der Art.

Die Ausreden gehen uns nicht aus: »Da muss mich der Teufel geritten haben« oder: »Gott ist schuld.« In erster Linie sind Gott und Mama für alles verantwortlich, was mit uns nicht stimmt. Mütter müssen in unserer heutigen Gesellschaft ganz besonders herhalten: »Ich kann nichts dafür, dass ich so bin, wie ich bin.

Liegt alles an meiner Mutter.« Das habe ich zwanzig Jahre lang täglich gehört, und die Leute glaubten es wirklich: »Ich schaff's einfach nicht. Meine Mutter hat meine Schwester bevorzugt, da ist doch klar, dass ich es schwer habe. Sie hat immer die ganze Aufmerksamkeit auf sich gezogen, für mich blieb nichts. Ihre Fotos kleben in allen Alben, ich kann froh sein, wenn ich am Rande auch mal zu sehen bin.« Irgendwann habe ich in einer Fernsehsendung das hier zum Besten gegeben: »Heute Abend bin ich nur gekommen, um allen in Amerika mitzuteilen, dass Ihre Mutter Ihre Schwester bevorzugt hat.«

Das ist einfach eine verfestigte Haltung, eine Geschichte, die man von einem bestimmten Punkt an geglaubt hat. Doch in Wahrheit haben wir alles, was in uns vorgeht, selbst so in die Wege geleitet. Alles im Leben, was dir den Weg verstellt und dich nicht so sein und agieren lässt, wie du möchtest – es ist alles deine eigene Wahl und auf deinem eigenen Mist gewachsen. Alles. Das muss ich noch mal ganz deutlich herausstellen: *Du bist die Summe aller Entscheidungen in deinem Leben.*

Trau dich!

Der große Herzenswunsch einer meiner Klientinnen war es, als Tänzerin aufzutreten. Ich fragte: »Und warum sind Sie dann nicht unterwegs und tanzen? Bewerben Sie sich bei jeder sich bietenden Gelegenheit. Tanzen Sie überall vor, nehmen Sie Unterricht bei den besten Leuten.«

Ihre Antwort war: »Wenn ich doch bloß ein bisschen Selbstbewusstsein hätte. Wenn ich es mir erst mal zutraue, bin ich bestimmt eine ganz tolle Tänzerin.«

Aber damit spannt man den Wagen vor das Pferd. Für ein gutes Selbstbild braucht man Selbstvertrauen, und das kommt nicht von allein. Das nötige Selbstvertrauen, um in irgendetwas richtig gut zu sein, gewinnt man nur, wenn man loszieht und es einfach tut und dann immer wieder tut. Selbstvertrauen erwächst aus realem Tun, aus bewusster Risikobereitschaft – man macht sich keine Sorgen, dass man scheitern oder ausgelacht werden oder auf die Nase fallen könnte.

Stell dir vor, ein sich selbst behindernder und ein unbegrenzter Mensch steigen zusammen auf einen Berg. Sie kommen an eine vereiste Stelle, mit der sie beide nicht gerechnet haben, und rutschen prompt aus. Der eine, der sich selbst im Weg steht, jammert gleich los: »Hier war doch kein Eis angesagt. In der Wegbeschreibung steht nichts von Eis! So eine Gemeinheit! Da, sieh dir das an, jetzt hab ich mir die neue Hose versaut, so was darf wirklich nicht passieren.« Der Unbegrenzte steht einfach wieder auf, sagt: »Gib Acht auf das Eis«, und geht weiter.

Von ihrem Ego beherrschte Menschen sehen Missgeschicke als etwas, was sie nicht weiterkommen lässt, während Erwachte, die nicht nur Ego-Antriebe kennen, sich von Missgeschicken erst recht vorwärtstreiben lassen. Sich selbst behindernde Leute ziehen los und nehmen sich etwas vor, was ihnen nicht gut gelingt, und dann haut sie das völlig um. Sie sind wie der Fünfzehnjährige, der Direktor seiner Schule oder Vorstandsvorsitzender der Staatsbank sein möchte. Klärt man ihn darüber auf, dass die Bank keinen Fünfzehnjährigen an der Spitze braucht, sagt er: »Na bitte, ich hab doch gesagt, dass ich nichts kann.«

Der Unbegrenzte sagt dagegen: »Also, wenn ich nicht Bankdirektor sein kann, kann ich vielleicht in meiner Filiale daheim in Toledo den Boden wischen und schauen, wohin mich das führt.« Er nutzt Absagen und Fehlschläge, um sein Denken neu auszurichten oder einfach etwas anderes auszuprobieren.

Wenn man sich Selbstbewusstsein wünscht, steht und fällt alles mit dem Tun. Was ich höre, vergesse ich. Was ich sehe, prägt sich mir ein. Nur was ich tue, verstehe ich wirklich. Wenn es dir an Selbstachtung mangelt, musst du den Hintern heben und irgendetwas tun, wodurch du dich ein bisschen besser fühlst, und dann tust du es wieder und wieder. Nicht lange, und du bist ein selbstbewusster Mensch, der an sich glaubt.

Einmal wollte meine Tochter Tracy mich bei einem Bühnenauftritt ankündigen und hatte ziemliches Lampenfieber. Sie sagte: »Dad, da draußen sind dreitausend Leute, und ich soll jetzt da rausgehen?«

Ich erzählte ihr, wie es war, als ich zum ersten Mal vor der Klasse ein Referat hatte halten müssen. Wie mir am Abend davor zumute war, wie ich Sorge hatte, dass meine Freunde auf mich zeigen würden, als hätte ich den Hosenstall offen, und was ihnen sonst noch einfallen mochte. Ich hatte derart Schiss, dass ich innerlich flehte: »Oh bitte, lass die Lehrerin einen Schlaganfall haben, sodass sie nichts mehr weiß, vor allem nicht, dass es in ihrer Klasse einen Wayne Dyer gibt.« *Alles* war mir recht, wenn es mir nur diesen Auftritt ersparte.

»Wie«, fragte ich meine Tochter, »bin ich dann einer geworden, der einfach vor jedes noch so große Publikum hintritt und redet? Das kommt nicht von selbst. Ich hab es einmal gemacht und dann wieder und wieder, und es hat gar nicht so lange gedauert, bis es leichter wurde und sogar Spaß machte und spannend war. Am Anfang steht eine Entscheidung, und du kannst diese Wahl jetzt auch treffen.«

Selbstvertrauen hat aber auch noch eine andere Seite, und die besteht nach meiner Erfahrung darin, dass du dein Selbstwertgefühl nicht davon abhängig machst, wie gut dir die Dinge im Leben gelingen. *Du bist nicht, was du tust.* Wärst du, was du tust, dann wärst du nicht, wenn du nichts tust. Nichtexistent. Wenn du dein Geschäft bist oder dein Bankkonto oder dein Haus oder deine Familie, was bist du dann, wenn diese Dinge mal nicht mehr da sind? Es wird so kommen, das Leben ist vergänglich. Wenn dein Selbstbild an äußere Dinge gebunden ist, stirbst du immer ein bisschen mit, wenn dein Job endet, wenn dein Haus nicht mehr da ist, wenn deine Kinder ihren eigenen Weg gehen, wenn dein Partner stirbt – was es auch sei, immer stirbt etwas von dir mit.

Unser Menschsein definiert sich nicht durch das, was wir tun, sondern, wie das Wort schon sagt, durch unser *Sein.* Da geht es nicht in erster Linie ums Bewerten und Beurteilen, es geht darum *zu sein*. In diesem Sein als Mensch bist du bereit, auch mal was zu riskieren, gestattest dir, in manchen Dingen zu scheitern und in anderen gut zu sein. Auf dein Selbstwertgefühl färbt das nicht ab, du weißt, dass alles, was du tust, deine eigene Wahl ist, und in einer Sache gibt es für dich überhaupt keinen Verhandlungsspielraum, nämlich, *dass du immer und unter allen Umständen ein vollwertiger und wertvoller Mensch bist.* Nicht weil irgendwer das sagt oder du so erfolgreich bist und viel Geld verdienst, sondern weil es für dich einfach so ist. Wenn das nicht ganz klar ist, wirst du kaum verstehen, was es heißt, ein unbegrenzter Mensch zu sein.

Du kannst deine Gedanken und Gefühle steuern

Was ich hier erzähle, entspricht eigentlich dem gesunden Menschenverstand, aber ich finde es außerdem auch vollkommen logisch. Logik habe ich natürlich auf der Universität im Rahmen meines Philosophiestudiums kennengelernt. Es ging dabei auch um Syllogistik, eine Art des Schlussfolgerns, bei der man ausgehend von zwei Prämissen, dem Ober- und dem Untersatz, zu einer Konklusion gelangt. Die Konklusion gilt als richtig, wenn Obersatz und Untersatz nicht im Widerspruch zueinander stehen. Für das, was ich hier sagen will, möchte ich dieses Verfahren bemühen. Beginnen wir mit dem Obersatz: *Ich kann meine Gedanken selbst steuern.* Und jetzt der Untersatz: *Meine Gefühle sind durch meine Gedanken bestimmt.* Wusstest du das? Man kann kein Gefühl haben, dem nicht ein Gedanke vorausging. Das ist unmöglich. Wir nehmen etwas wahr in der Welt, und dann ordnen wir es ein. Das geschieht augenblicklich. Man ordnet es ein, man bewertet es, und daraus ergibt sich eine emotionale Reaktion. Jemand, der nicht wahrnehmen kann, hat auch keine Gefühle. Wer im Koma liegt, zeigt keinerlei emotionale Reaktionen.

Nehmen wir an, dass derjenige, mit dem du eine Beziehung hast, diese Beziehung beendet. Du bist deprimiert. Was aber, wenn du nicht wüsstest, dass der andere mit dir Schluss gemacht hat? Wärst du dann deprimiert, von Kummer gebeutelt? Würdest du dich in irgendeiner Weise mies fühlen? Nein. Zu solchen Gefühlen kommt es erst, wenn du weißt, dass der andere wegwill oder schon weg ist. Der Vorgang selbst macht dich nicht unglücklich; dazu kommt es erst durch das, was du daraus machst. Kurz, deine Gefühle kommen von deinen Gedanken.

Ich will nicht darauf hinaus, dass man am besten kalt und gefühllos bleibt, aber ich möchte eine ganz bestimmte Feststellung treffen. Obersatz: *Ich kann meine Gedanken steuern.* Untersatz: *Meine Gefühle kommen von meinen Gedanken.* Welche logische Schlussfolgerung ergibt sich daraus zwangsläufig? *Ich kann meine Gefühle selbst steuern.* Wir alle haben unsere Gefühle selbst in der Hand, wir müssen dazu nur unser Denken ändern. Das ist auch schon alles. Ich kann meine Gedanken steuern, und da meine Gefühle durch meine Gedanken bestimmt sind, kann ich meine Gefühle steuern.

Sehen wir uns ein paar Gefühle an, die wir nicht so gern haben. Gewissensbisse, Sorgen, Angst, Selbstablehnung, Abhängigkeit von Anerkennung, Rückwärtsgewandtheit, Furcht vor dem Unbekannten und so weiter. Alle diese Gefühle sind Reaktionen auf Gedanken. Und wenn ein Gefühl für dich ausschließlich hinderlich ist, musst du sehen, wie du es loswirst, falls du den Weg der Erleuchtung gehen möchtest.

Erwachte Menschen verfügen angesichts von Vorkommnissen und Umständen, die andere schier wahnsinnig machen, über eine heiter-gelassene Ruhe. Sie bestimmen selbst, wie sie reagieren. Sie sind keineswegs kalt und berechnend, sie sind nicht gefühllos, sie haben einfach gelernt, die Welt und was sich in ihr abspielt, nicht negativ zu bewerten. Sie reagieren auf gesunde Art auf alles, was sich ereignet, statt sich von den Regungen des Egos steuern zu lassen.

Wenn ein sich selbst behindernder Mensch im Straßenverkehr geschnitten wird, regt er sich auf, und das hält eine ganze Weile an. Ein unbegrenzter Mensch sagt sich einfach: »Ich lasse mir von diesem Kerl nicht vorschreiben, wie ich zu reagieren habe. Das hier ist mein Tag, und es könnte mein letzter sein, den lass ich mir nicht versauen.«

Wenn ein von seinem Ego beherrschter Mensch Streit mit einem Freund hat, sitzt er da und brütet: »Wie konnte es dazu kommen, wie kann er mich so behandeln? Was hätte ich anders machen können? Mir ist das völlig unbegreiflich.« Ein Erwachter sagt in diesem Fall: »Jetzt ist es nun mal so, aber ich lass mich davon nicht unterkriegen. Ich werde nicht so tun, als wäre es mir recht oder egal, aber ich werde mich davon auch nicht runterziehen lassen, die nächsten fünf Minuten nicht und die fünf Minuten danach auch nicht und so weiter. So werde ich dem begegnen.«

Wichtig ist, dass du dich selbst liebst und wirklich an dich glaubst. Du brauchst anderen gegenüber nicht roh oder gemein sein, du darfst ihnen ruhig freundlich, großzügig und mitfühlend begegnen. Das tue ich selbst auch, und ich habe niemandem je etwas anderes empfohlen. Aber ich sage immer und immer wieder und werde dies auch weiterhin tun: Wir alle müssen die Macht unserer Entscheidungen verstehen.

Ärger

Es klingt vielleicht ein bisschen seltsam, aber ich habe am Ärger eigentlich nichts auszusetzen. Wenn er dich dazu bringt, an irgendwelchen unguten Verhältnissen etwas zu ändern, dann solltest du ihn unbedingt nutzen, wenn das geboten erscheint.

Mich kann der Hunger in der Welt richtig wütend machen, vor allem wenn es um Kinder geht, die an Unterernährung sterben. Mich ärgern die Verbrechen, die mit den in unserer Gesellschaft so achtlos verbreiteten Waffen begangen werden. Die Leute knallen sich gegenseitig ab, und ein Menschenleben scheint einfach nicht mehr viel zu gelten, kaum dass die Schießereien auch nur in den Nachrichten erwähnt werden. Aber mein Ärger bringt mich eben dazu, etwas zu unternehmen. Ich spreche darüber, ich schreibe darüber, ich rede mit den Kids auf der Highschool, um irgendetwas zu bewegen. Bewegung ist großartig.

Es heißt ja immer, Ärger und Wut seien gar nicht gut, sie schadeten unserer Gesundheit. Da muss ich widersprechen. Nur wenn der Ärger dich lähmt, ist er wirklich ungesund. Wenn du beispielsweise eine schreckliche Scheidung durchzustehen hast, bist du völlig neben der Spur und bekommst deine Arbeit nicht mehr auf die Reihe. Du bist nicht mehr wirklich bei deinen Kindern.

Du kommst mit deinen Kollegen nicht mehr zurecht. Du bist zu keinem gesunden Verhalten mehr fähig und inspirierst auch andere nicht dazu. Du bist müde, deprimiert und fühlst dich elend, und sonst kommt überhaupt nichts mehr von dir.

Das ist so ungefähr die jämmerlichste Wahl, die du treffen kannst, aber sie hat immerhin noch einen erwünschten Nebeneffekt: Du kannst die ganze Quälerei als Ausrede dafür hernehmen, dass du als Mensch eigentlich zu nichts mehr zu gebrauchen bist. Das lässt sich immer dann wunderbar anführen, wenn du gefragt wirst, weshalb du nichts zustande bringst: »Wie soll ich denn noch irgendwas schaffen, du weißt doch, was in meinem Leben gerade los ist.«

Auch Schuldgefühle sind eine ganz schlechte Wahl, können aber ebenfalls als Ausrede dienen: Solange ich hier sitze und mich schuldig fühle, weil ich dieses oder jenes getan oder unterlassen habe oder nicht hätte tun sollen, brauche ich nichts zu unternehmen, um die Sache in Ordnung zu bringen. Deshalb halte ich an meinen Schuldgefühlen fest und fühle mich weiter mies. Vielleicht kann sich dieser Mensch im Moment wirklich nur schuldig fühlen, aber je länger er dabei bleibt, desto weniger wird er dazu neigen, irgendetwas dagegen zu unternehmen. Er wird dann einfach ein verantwortungsscheuer Jammerlappen, der nicht nur sich selbst in eine sehr unangenehme, verfahrene Lage bringt, sondern auch den Menschen ringsum das Leben schwermacht.

Verantwortliches Verhalten besteht darin, dass man freundlich, liebevoll und anständig mit anderen und vor allem mit sich selbst umgeht, sodass man ein positiver Mensch wird, der etwas zu geben hat. Selbst wenn dann Dinge passieren, die einem gar nicht gefallen, ist man in der Lage, erwachsen zu reagieren und etwas zu unternehmen, also Lösungen zu suchen. Wer nur auf seinen eigenen Schmerz starrt, wird dabei auch bleiben und kommt nicht weiter.

Ärger, Depression, Angst, Neid, Eifersucht – wir neigen dazu, negative Regungen dieser Art zu rechtfertigen, aber in Wirklichkeit gibt es absolut keinen Grund, sie zu verteidigen. Wer es trotzdem tut, handelt unverantwortlich. Nehmen wir Eifersucht als Beispiel. Diese Gefühlsregung setzt einen selbst herab, sie lässt einen am eigenen Selbstwert zweifeln. Da ist jemand, der sich entschlossen hat, jemand anderen als dich zu lieben oder gegenüber jemand anderem ein Verhalten an den Tag zu legen, das dir gar nicht gefällt, und du schließt daraus, dass dieses Verhalten etwas mit dir zu tun hat.

Schuldzuweisungen jeglicher Art haben nichts mit Eigenverantwortlichkeit zu tun. In Beziehungen klingt das, ausgesprochen oder unausgesprochen, ungefähr so: »Wenn du ein bisschen mehr wie ich wärst, müsste ich mich jetzt nicht so über dich ärgern. Kannst du dir nicht ein wenig Mühe geben, so zu sein, wie ich dich haben möchte?« Am Arbeitsplatz zeigt sich das, wenn der Vorgesetzte seine Untergebenen in etwa so ins Gebet nimmt: »Es regt mich total auf, wenn ihr die Dinge nicht so macht, wie ich es euch sage«, statt ihnen verständlich zu machen, dass es alle möglichen Arten gibt, die verschiedenen Aufgaben zu erledigen.

Damit haben wir jetzt geklärt, dass Vorwürfe nichts bringen und das Herumkauen auf lähmenden Gedanken reine

Zeitverschwendung ist. Immer wenn du auf Hindernisse stößt und dich aufregst oder Trübsal bläst oder nichts mehr richtig auf die Reihe bringst, ist das eine Gelegenheit, um umzudenken und dein Verhalten zu ändern.

Viele Menschen sind ja durchaus in der Lage, mit ihrem Ärger so umzugehen, dass er sie nicht lähmt. Sie halten an sich und steigern sich nicht hinein. Aber wenn man den Ärger immer nur runterschluckt, schadet man damit seiner Gesundheit. Wenn du mich fragst, ist es besser, den Frust irgendwie rauszulassen, statt ihn unter Verschluss zu halten. Solange du niemandem damit schadest, ist es gesünder, dich irgendwie abzureagieren – vielleicht schnappst du dir ein Kissen und schlägst es gegen die Wand oder vergräbst dein Gesicht darin und schreist aus Leibeskräften.

Unbegrenzte Menschen können noch weitaus mehr aus ihrem Frust machen, indem sie sich von ihm mobilisieren lassen und ihn konstruktiv nutzen. Was kannst du nicht ausstehen? Was geht dir wirklich gegen den Strich? Der Hunger in der Welt? Kinder, die da draußen irgendwo sterben? Mir persönlich ist das wirklich ein Gräuel. Dass überhaupt irgendwer verhungern muss, obwohl genug da ist, um all die vielen Menschen satt zu kriegen, macht mich unglaublich wütend. Und wenn ich dann sehe, wie schon wieder Kriege angezettelt werden, die so viele sinnlose Tode mit sich bringen, bin ich sehr aufgebracht.

Was machen wir dann mit solch einem Ärger? Ein von seinem Ego getriebener Mensch fängt an, verbal wild um sich zu schlagen, er hat an jedem etwas auszusetzen und schreit die Leute an. Auch ein erwachter Mensch empfindet den Ärger, belässt es aber nicht dabei, sondern unternimmt etwas, lässt sich davon in Bewegung setzen und engagiert sich, etwa für »Das Hunger Projekt« oder Oxfam. Man kann auch an die Regierung schreiben oder sich öffentlich dazu äußern oder ein Lied komponieren – irgendetwas, was geeignet ist, die Sache ins allgemeine Bewusstsein zu rücken. Solche Menschen setzen sich für die Wahl geeigneter Politiker ein oder kandidieren selbst, um irgendetwas gegen das Unrecht in der Welt zu tun. Sie bleiben nicht untätig, sondern setzen ihren Frust in etwas um, was den Menschen dient.

Was motiviert dich?

Irgendetwas gibt es immer, was wir an uns und unserem Leben nicht mögen. Worauf es ankommt, ist, wie wir damit umgehen. Die meisten Menschen sind »außenbestimmt«, wie ich es nenne. Sie lassen sich von den äußeren Umständen des Lebens vorgeben, welchen Weg sie einschlagen und was sie mit ihrem Leben anfangen.

Wenn du ein paar niedergeschlagene, trübsinnige Leute fragst, weshalb sie so deprimiert sind, werden drei von vier ungefähr so antworten: »Jemand hat sich verletzend über mich geäußert, und das kränkt mich.« »Ich habe mein Geld den falschen Leuten anvertraut, und jetzt steh ich da.« »Ich komme mit meinen Eltern einfach nicht zurecht. Sie ziehen mich total runter.« Sie schieben also Umstände oder andere Leute als Erklärung für ihr Verhalten vor.

Und was für Auswege sucht man, wenn man so gestrickt ist? Nun ja, wenn man andere für die eigene Niedergeschlagenheit verantwortlich macht, braucht man auch andere oder andere Umstände, um wieder auf die Beine zu kommen. Dieses andere ist oft der Alkohol. In den Vereinigten Staaten haben an die sechzehn Millionen Menschen ein Alkoholproblem oder nehmen Drogen. Oder sie flüchten sich in den Sex oder in den Konsum. Sie lenken sich mit der Jagd nach Geld ab. Sie halten sich an irgendwelche Äußerlichkeiten, um sich wieder aufzurichten, wenn sie down sind.

Vom Außen bestimmte Menschen suchen die Zustimmung anderer, greifen nach irgendwelchen Substanzen, finden Erklärungen und Ausreden und machen alles und jeden für ihr Verhalten verantwortlich: »Ich bin dick, weil mich all die hungernden Kinder in der Welt so bedrücken und ich das irgendwie ausgleichen möchte. Vielleicht ist auch die Nahrungsmittelindustrie schuld. Oder meine Eltern. Oder Gott.« Es ist jedenfalls immer etwas außerhalb ihrer selbst.

Nebenbei bemerkt vermitteln uns ja das Fernsehen und die sozialen Medien genau das. Nach einer neueren Untersuchung verbringen Kinder in den USA, in Kanada und Westeuropa 1/14 ihrer Zeit in direktem Austausch mit ihren Eltern und die restlichen 13/14 am Computer oder mit dem Smartphone. Das ist kaum zu glauben, wenn man es sich mal überlegt. Im Großen und Ganzen zieht das Internet unsere Kinder auf.

Kinder verfolgen alles genau, was auf ihren elektronischen Gerätschaften los ist, und dabei lernen sie, ihre Motivation mehr oder weniger vollständig von außen zu beziehen. Denken wir an Sitcoms. Da lernt man nichts anderes, als anderen gegenüber respektlos zu sein. Oft geht es einfach nur darum, irgendwen herunterzumachen, Kinder ebenso wie Erwachsene. Man braucht nur den Fernseher einzuschalten oder sich Videos online anzusehen, da sind ständig irgendwelche Schlaumeier am Werk, die mit witzigen Bemerkungen über andere herziehen, aber nicht viel Sinn für die Würde eines Menschen haben – unterbrochen immer wieder von Werbespots für Produkte, die ebenfalls dafür sorgen, dass wir uns weitgehend bei äußeren Dingen aufhalten.

Dies gilt für sehr viele Menschen, aber es gibt auch einige, die ihre Motivation nicht nur aus dem Außen, sondern auch von innen beziehen. Wenn etwas nicht gut läuft, wissen sie im Innersten, dass sie sich das Problem selbst zuzuschreiben haben, aber oft fällt ihnen nichts ein, was sie unternehmen könnten, und auch das wirkt dann lähmend und lässt sie nicht aktiv werden.

Denken wir etwa an Krieg. Krieg entsteht durch Ärger und Wut, die nicht konstruktiv umgesetzt werden und deshalb bei anderen ebenfalls nicht-konstruktiven Ärger und Wut auslösen, und das kann jahrelang so hin und her gehen. Wie viele Menschen sind gegen Terrorismus? Na, wer ist *nicht* dagegen? Wir alle sind gegen Terrorismus, aber seltsamerweise haben wir genau deshalb weiterhin Terrorismus und Krieg in der Welt. Weil so viele dagegen sind. Was wäre, wenn jeder, der gegen Terrorismus ist, andere Worte wählen würde, nämlich »Ich bin für Frieden«. Wenn all die Millionen sich *für* den Frieden einsetzen würden, statt *gegen* Terrorismus zu sein, könnten wir in einer friedlichen Welt leben.

Die Statistik besagt, dass auf jeden für den Frieden ausgegebenen Dollar zweitausend Dollar kommen, die für Krieg ausgegeben werden. Deshalb haben wir Schusswaffen und Munition und Bomben und Atomwaffen und all die Dinge, die unser Ende bedeuten könnten. Statt entschieden *für* etwas zu sein, starren wir auf die Dinge, *gegen* die wir sind, und das lähmt uns am Ende, sodass wir gar nichts tun. Es ist auch von einem Krieg gegen Drogen die Rede. Wenn irgendwo ein Krieg erklärt wird, ist es nur natürlich, dass man Partei ergreift. Jemand soll ja gewinnen, und jemand anderes soll verlieren, und außerdem braucht man Waffen. Das Drogenproblem wird weiterhin bestehen, solange dieser Krieg geführt wird. Vielleicht können wir das, wofür wir sind, positiv ausdrücken: Wir wünschen uns eine drogenfreie Gesellschaft.

Bei diesem Umdenken folgen wir einer inneren Motivation und bleiben nicht bei der äußeren. Du kannst das in deinem eigenen Leben ausprobieren und dir einmal die Gebiete ansehen, auf denen du dir eine Verbesserung wünschst. Vielleicht wärst du in deiner Beziehung zu deinem Partner oder deiner Partnerin gern weniger dogmatisch. Anstatt dies nun negativ zu formulieren, kannst du auch eine Affirmation daraus machen, und zwar immer im Präsens: »Ich bin dabei, ein umgänglicherer Mensch zu werden.« Statt dir vorzuwerfen, dass du immer zu spät kommst, kannst du es mit dieser Formulierung versuchen: »Ich arbeite daran, pünktlich zu sein.« Statt dich darüber zu grämen, dass du nicht genug für deine Kinder da bist, sagst du dir: »Ich widme meinen Kindern jede Menge Zeit.« Statt anstehende Aufgaben vor dir herzuschieben, bekräftigst du: »Ich bringe jetzt mehr Zeit für dieses Vorhaben auf, das mich so interessiert.«

Du lässt dich also nicht mehr von negativen Gedanken lähmen, in denen du dich selbst als mangelhaft betrachtest, und gehst dazu über, die Dinge positiv auszudrücken. Sag dir immer wieder, dass in diesem makellosen Universum Harmonie herrscht und es keine Fehler macht. Es ist ein vollkommenes System, und jeder von uns hat Teil an dieser Vollkommenheit. Sieh dich einmal so, und dann stell dir neue Entscheidungen für deine weitere Entwicklung vor, anstatt immer nur Mängel und Macken zu reparieren. Du wirst dich immer weiter wachsen sehen und einen neuen Blick für die Dinge bekommen, die dich bisher bedrückt oder aufgeregt haben und die du als Fehler empfunden hast. Jetzt siehst du sie als Entscheidungen, die du irgendwo unterwegs mal getroffen hast.

Bewusst wachsen

Die Überzeugung, dass wir bewusst wählen können, ist für mich etwas so entscheidend Wichtiges, dass meine Freunde es schon fast für eine Obsession halten. Ich bin davon überzeugt, dass wir auf diesem Gebiet viel mehr vermögen, als wir uns zutrauen. Mit jeder Faser meines Seins glaube ich, dass es in unserer Macht steht, unser Geschick selbst zu wählen und zu lenken. Wie auch immer es uns zugefallen ist, durch Evolution oder Gottes Ratschluss, wir besitzen einen freien Willen. Wir können jedoch kaum an unsere Willensfreiheit glauben, wenn wir sie dann letztlich doch als Illusion sehen, wenn wir meinen, alles sei vorprogrammiert und wir lebten nur nach irgendeinem fertig vorgegebenen Drehbuch. Nein, ich besitze einen freien Willen, weil ich ein Teil der Menschheit bin. Ich bin in meinem Menschsein einzigartig, aber zugleich gehöre ich der Menschheit an.

Was können wir tun, um unser menschliches Dasein erfreulicher zu gestalten? Zuerst einmal gilt es zu sehen, dass es keine durch Nationalitäten gegebenen Probleme gibt. Alle Probleme sind im Grunde einfach menschliche Probleme, bei denen es darum geht, wie wir Menschen einschätzen und bestimmten Gruppen zuordnen. Wachstumsorientierte Menschen wissen das. Sie haben den Blick fürs Ganze und sagen Dinge wie: »Machen wir diese Erde doch für uns alle zu einem besseren Ort, um damit zugleich die Gefahr auszuschalten, dass wir Kriege führen und uns gegenseitig den Kopf einschlagen. Fangen wir doch damit an, uns klarzumachen, dass es überhaupt nicht angeht, irgendein Lebewesen zu töten, wenn es nicht absolut notwendig ist, etwa aus Gründen der Ernährung. Lasst uns uns darauf einigen, dass alles Lebendige heilig ist.«

Solche Menschen sind offenbar von den höchsten Motiven überhaupt geleitet, dem Wunsch nach Wahrheit und Liebe, dem Wunsch nach Zugehörigkeit als Mensch und der Identität als Mensch, dem Wunsch nach Würde. Das sind die Dinge, die im Leben solcher Menschen zählen. Ihre Gedanken kreisen nicht ständig um die Frage, wie sie dastehen, was sie für sich herausschlagen können und wie das alles zu ihren eigenen Vorhaben passt.

Wir glauben ja, das Bedürfnis nach Nahrung sei wichtiger als das Bedürfnis nach Wahrheit. Hast du je mit Leuten zu tun gehabt, die ständig lügen? Nimm Wahrheit, Schönheit und den Sinn für Würde weg, und es bringt die Leute genauso sicher um wie Nahrungsentzug, es dauert nur ein bisschen länger. Erleuchtete Menschen, die ihre Motivation aus sich selbst beziehen, wissen das. Sie können über ihr eigenes Ich hinausdenken und sind von Natur aus spirituell. Sie orientieren sich vorwiegend an dem, was mit der Menschheit ganz in Ordnung ist. In der Nähe solcher Menschen fühlt man sich inspiriert und kann gar nicht genug bekommen. Es ist ansteckend.

Es sind Neuerer, Entdecker, sie folgen nicht dem, was schon immer so war und was man schon immer so gemacht hat. Kochen zum Beispiel. Wenn wir das heute so machen würden, wie es »schon immer« gemacht wurde, gäbe es nur ein einziges Kochbuch, und es würde nur dieses eine Rezept enthalten: »Man nehme einen Hirsch und lege ihn auf einen großen Scheiterhaufen, den man anzündet.« Fertig.

Neuerer würden dagegen sagen: »Lasst uns das Tier doch erst mal häuten, vielleicht schmeckt es dann nicht so streng. Wir könnten es auch dünsten, oder wir probieren einfach mal ein Stück hier von der Hüfte.« Solche Menschen schwimmen gegen den Strom, sie machen nichts einfach so, wie es immer gemacht worden ist, sie probieren Neues aus, sie fügen ein bisschen von diesem oder jenem hinzu und handhaben die Dinge auf ihre ganz eigene Art. Sie sind willens und in der Lage, etwas noch nie Dagewesenes auszuprobieren, und dieser Geist zeigt sich in allem, was sie tun – das ist das Wesen der Kreativität. Sie haben Sinn für das Geheimnisvolle im Leben, sie möchten Neues ausprobieren, sie möchten nicht beim Althergebrachten bleiben, sondern etwas tun, was sie noch nie getan haben.

Unbegrenzte Menschen sind in Liebesbeziehungen eindeutig. Der größte Stress in dieser Welt besteht ja in ungeklärten Beziehungen. Scheidung, Verlust des Arbeitsplatzes oder Verlust eines geliebten Menschen – all das ist noch nicht das Schlimmste. Wirklich schlimm sind ungeklärte Beziehungen, Beziehungen, in denen du dich bei Gedanken wie diesen erwischst: »Ich weiß nicht, ob das was wird. Ich weiß nicht, ob ich hier richtig bin oder nicht. Ich weiß es einfach nicht. Ich überlege und überlege. Ich warte darauf, dass er sich ändert, aber ich warte schon 28 Jahre, und er hat sich nicht geändert. Vielleicht wird doch noch alles gut …« Und immer so weiter.

Wenn du so dahinlebst, 28 Jahre oder auch nur 28 Stunden, raubt dir das alle Kraft. Um zur eindeutigen Liebe zu finden, müsstest du so denken: »Ich sehe mich um, und da draußen sind lauter Menschen, die ich liebe. Bedingungslos und ohne Zwiespalt kann ich zu jedem sagen: ›Ich liebe dich.‹ Niemand muss meinen Erwartungen entsprechen, und ich selbst möchte auch nicht aufgefordert werden, den Erwartungen anderer zu entsprechen.« Wenn du das von dir sagen kannst, bist du bereits in der eindeutigen Liebe. Und wenn nicht, dann sieh zu, wie du dorthin findest. Was dann auch anstehen mag – ob du zu jemandem zurückfindest und deine Beziehung funktionstüchtig und alltagstauglich machst oder ob du einsiehst, dass du sie beenden musst –, du wirst nach einer solchen Entscheidung einen festeren Stand haben und leichter zur eindeutigen Liebe finden.

Erwachte Menschen sind auf Wachstum aus, sie halten sich nicht bei Mängeln und Schwächen auf. Sie sind es, die diese Welt auf eine höhere Stufe heben, und dieses Ziel können wir uns alle setzen. Vielleicht beziehst du deine Motivation gegenwärtig eher aus Defiziten und sagst dir, dass du etwas aus dir machen möchtest. Aber vergiss nicht, dass man nicht erst krank sein muss, um dann so richtig gesund zu werden: Um zu wachsen, ist es nicht erforderlich, dass du dich erst einmal als jemanden siehst, der schlecht beieinander ist.

Noch einmal: Alles im Universum ist genau so, wie es sein soll. Also höre auf zu urteilen, auch nicht über dich selbst, und mach dich ans Werk. Ändere das, was dir nicht gefällt, und akzeptiere das, woran du nichts ändern kannst. Richte dein Leben nach diesem Motto aus: »Jeder Tag ist großartig. Ich bin genau da, wo ich sein soll, und bewege mich in die Richtung, die für mich die beste ist.« Ich nenne das Wachstumsmotivation, und dazu kannst du dich gleich jetzt entscheiden.

Tagebuchübung

Überleg dir, wie du negative Aussagen, die dir häufig durch den Sinn gehen, ins Positive wenden kannst. Statt: »Weshalb bin ich ständig abgebrannt?« könntest du Folgendes ausprobieren: »Ich genieße ein Leben der Fülle.« Und statt: »Ich hasse meinen Job« siehst du zu, ob sich das hier nicht besser anfühlt: »Ich bin ganz glücklich, meine Karriere voranzutreiben.« Schreib ein paar solcher Positivaussagen zuerst in dein Tagebuch und dann auf Haftnotizen, die du irgendwo anklebst, wo sie dir immer mal wieder ins Auge fallen – an den Badezimmerspiegel, an deinen Computermonitor, ans Armaturenbrett im Auto. So trainierst du dein Gehirn darauf, bei erfreulichen Dingen zu verweilen und sie dadurch auch in deinem Leben zu verwirklichen.

3

Was erwartest du?

Bevor ich aufs Podium steige, um vor Publikum zu sprechen, bekomme ich oft Bemerkungen wie diese zu hören: »Sie wollen vier Stunden lang sprechen? Meine Güte, dann werden Sie hinterher aber müde sein. Danach sind Sie sicher fix und fertig!« Ich antworte dann meist: »Wieso denn? Nein, ich bin dann nicht fix und fertig. Ich denke nicht an müde, so funktioniert mein Innenleben nicht.«

So viele denken, wenn sie um zwei Uhr endlich ins Bett gehen: »Au weia, jetzt ist es schon zwei, und ich muss um sechs wieder raus. Das sind gerade mal vier Stunden, und auch nur dann, wenn ich sofort einschlafe, und davon bin ich weit entfernt. Wie soll ich mich da ausruhen? Da bin ich morgen bestimmt den ganzen Tag todmüde.« Dann liegen sie da, wälzen sich hin und her und steigern sich immer mehr in ihre Unruhe hinein, und dann ist es auch schon Viertel vor drei. Dann Viertel vor vier, dann Viertel vor fünf und schließlich Viertel vor sechs. Sie formulieren ihre Erwartung neu: »Ich werde den ganzen Tag halb tot herumtappen.«

So funktionieren Erwartungen. Wenn der Wecker piepst, wird dein Tag so laufen, wie du es bereits beschlossen hast. Du schaltest deinen Körper auf schlapp und deine Augen auf verquollen, und wenn du dann am Arbeitsplatz erscheinst, sagst du gleich: »Sprich mich bloß nicht an, ich hab die ganze Nacht nicht geschlafen. Heute bin ich zu nichts zu gebrauchen, ein schrecklicher Tag.« So ungefähr, nicht wahr?

So steuern wir uns mit Erwartungen in einen wirklich schlechten Tag hinein. Dabei könnten wir uns auch sagen: »So, ich werde nie wieder müde sein. Ich gehe einfach keinen müden Gedanken mehr nach. Wenn die Knochen ein bisschen wehtun oder mir schwummrig wird, leg ich mich kurz hin oder mache einen kleinen Spaziergang und schüttle die Müdigkeit einfach ab. Ich erzähle gar nicht erst, wie müde ich bin, das will ja sowieso niemand hören.« Falls du das nicht glaubst, kannst du ja mal in die Runde fragen: »Interessiert es euch, wie müde ich bin?« Du wirst sehen, es interessiert niemanden.

Schlag dir also diese Erwartung, dass du müde sein wirst, aus dem Kopf oder denk gar nicht erst so, es sei denn, du musst drei oder vier Tage ohne Schlaf auskommen. Dann kannst du dir sagen, dass Müdigkeit völlig in Ordnung ist.

Entscheidungen legen so viel in unserem Leben fest. Sie bestimmen zum Beispiel, wie gesund du körperlich bist und ob du Erkältungen, Rückenschmerzen, Kopfweh, Krämpfe und was nicht alles bekommst. Vielleicht hört sich das hier bekannt an: »Oje, jetzt krieg ich diese Erkältung, die gerade umgeht, im Moment sitzt sie noch in der Nase, aber bis Montag hat sie bestimmt die Bronchien erreicht, und Mittwoch habe ich Fieber und muss mich für Donnerstag und Freitag krankschreiben lassen. Sicher, jetzt ist erst Samstag, aber ich weiß ja, dass es immer so läuft.« Du programmierst dich aufs Kranksein.

Du könntest auch so denken: »Das ist ein Irrtum, darauf lasse ich mich erst gar nicht ein. Ich will das nicht. Es sagt mir einfach, dass ich ein bisschen mehr Vitamin C brauche und mich ausruhen muss, aber ich erzähle gar nicht erst davon. Mal sehen, ob ich die Geschichte nicht überstehe, ohne dass irgendwer auch nur etwas merkt. Ich bleibe in Bewegung. Ich beschäftige mich einfach nicht mit dieser Sache und lasse mich nicht von meinen Vorhaben abbringen.«

Ich hatte einen Freund, der Fallschirmspringen lernen wollte. Vor seinem ersten Sprung war er schrecklich erkältet, konnte den Termin aber nicht verlegen. Ich fuhr ihn zum Flugfeld, und unterwegs erzählte er ununterbrochen, wie grässlich er sich fühle und wie unglaublich es doch sei, dass er in diesem Zustand springen solle. Ich setzte ihn ab, und er ging zu seiner Gruppe. Er war dann zwei Stunden mit Vorbereitungen beschäftigt und hatte viel zu viel zu tun, als dass er sich hätte krank fühlen können, schließlich plumpst man da aus großer Höhe in Richtung Erde und möchte bestimmt nicht mit seiner Erkältung beschäftigt sein.

Er absolvierte seinen Sprung, doch das genügte ihm nicht. Also ließ er sich wieder hochfliegen und sprang noch einmal. Als ich ihn abholte, fragte ich ihn, wie es gelaufen sei. Die Erkältung war wie weggeblasen. »Ja gibt's das?«, sagte er. »Ist das nicht allerhand?« Er hatte die Erkältung nicht einfach vergessen, während seine Nase aber weitergelaufen war. Nein, die Erkältung war wirklich weg. Was sagt uns das?

Du bist nicht dein Körper

Ich saß mal im Flugzeug und hatte einen Kinderwagen bei mir, den ich meinem Bruder und meiner Schwägerin bringen wollte. Als die Flugbegleiterin ihn sah, fragte sie: »Ist der für ihre Enkelin?«

Ich dachte: »Wie kommt sie denn darauf? Wie könnte ein junger Kerl wie ich Großvater sein? Ich bin doch erst vierzehn.« So sehe ich mich, als kleinen Jungen. Ich benehme mich auch so. Ich laufe jeden Tag und spiele besser Tennis als je zuvor. Ich kann noch so gut wie alles tun, was ich möchte. Ich weiß, dass nicht viel vom Alter des Körpers abhängt, denn wir sind nicht unser Körper. Wir sind unser Bewusstsein. Was wir sind, ist nicht mit Händen zu greifen. Haben wir nicht während unserer Zeit auf diesem Planeten schon viele Körper bewohnt?

Ich jedenfalls war schon in einem Vier-Kilo-Körper, ich war in einem Körper, der gerade mal drei Käse hoch war. Ich war in einem Körper, der kein Haar hatte, und dann hatte er massenhaft Haare, und dann fielen sie wieder aus. Ich bin in vielen Körpern gewesen, aber nichts von dem, was diese Körper ausmachte, keine einzige Zelle, ist in dem Körper, den ich jetzt habe. Trotzdem erinnere ich mich genau an alles, was ich als Zehnjähriger gemacht habe. Ich bin kein Körper mit einer Seele, ich bin eine Seele mit einem Körper.

Wie gesagt, die Einstellung ist alles. Das Altern des Körpers hat nichts mit dir zu tun, denn du bist nicht dein Körper. Du bist dein Denken. Ja, der Körper wird altern, aber *du* musst nicht alt werden. Es kommt darauf an, wie du dein Leben betrachtest. Der Körper wird langsamer und kann manches nicht mehr so gut wie früher, aber wie gesagt, das hängt größtenteils von deinem Denken ab. Wenn du vorwiegend auf den Körper starrst, bemerkst du alles, was sich an ihm verändert, und sagst dir dann vielleicht: »Es geht abwärts.« Aber wenn du nicht dein Körper, sondern dein Denken bist, kann eigentlich nichts abwärtsgehen. Gedanken und Gefühle kann man nicht abtöten, wohl aber die äußere Gestalt, und wenn du weißt, dass du nicht die äußere Gestalt bist, siehst du klar, dass dein Bewusstsein unsterblich ist.

Ich sehe diese ganze Angelegenheit namens Leben als ein einziges großes Wunder, und daran muss sich ja nichts ändern, nur weil der Körper älter wird. Für mich ist es so, dass in mir ein Kind lebt. Dabei bleibe ich einfach, da mögen andere denken, was sie wollen, zum Beispiel, dass ein Kinderwagen für meine Enkelin sein könnte. Wenn eine Flugbegleiterin das denkt, dann meinetwegen. Ich denke nicht so, und darauf kommt es an. Ich sehe nicht, dass das Altwerden meines Körpers auf mich übergreift. Hin und wieder nehme ich neue Falten und andere Veränderungen meines Körpers wahr, aber ich weiß dabei auch, dass ich das nicht *bin*.

Ich mache meinen Wert als Mensch nicht von meinem Körper abhängig. Ich behandle ihn so, wie es für ihn gesund ist: Ich esse ein Drittel dessen, was ich früher so verdrückt habe. Was ich an Zucker zu mir nehme, stammt nur aus Obst. Ich salze mein Essen nicht. Ich lege so gut wie alle Wege zu Fuß zurück und lasse mich nicht chauffieren. Ich laufe jeden Tag etliche Meilen. Aber ich tu das alles nicht aus Angst vor dem Altwerden meines Körpers.

Vielmehr ist das alles so, weil ich eine höhere Stufe des Denkens und der Selbstbejahung erreicht habe. Ich sehe mich durchaus als ein wichtiges menschliches Wesen, aber ich betrachte eben auch andere und die ganze Welt aus dieser geläuterten, liebevollen Perspektive. Ich könnte auch sagen, dass mein Körper aufgrund dieser Denkungsart erstaunlich gut in Form ist.

Ich bin mir ganz sicher, dass auch du deinen Körper als gesünder und fitter erleben wirst, gesünder, als du dir je hättest träumen lassen, wenn es dir gelingt, deine Gedanken über dich und die Einschätzung deiner Welt wirklich in den Griff zu bekommen. Sogar die Abnutzung deines Körpers ist eine Sache der Einstellung.

Ich habe das Gefühl, dass die Menschen sich auf das Sterben einzustimmen beginnen, wenn sie zum ersten Mal hören, dass es so etwas wie den Tod gibt. Würden wir uns nicht auf Krankheit, Altersschwäche und Tod einstellen, müsste unser Körper sich nicht verbrauchen. Am Altwerden ist etwas, das mit unserem Bewusstsein zu tun hat, und wenn es uns gelingt, diese Gedanken zu transzendieren, die uns auf Alter und Gebrechlichkeit einstimmen, haben wir das Altwerden überwunden. Das zumindest glaube ich.

Wir alle haben das Zeug zu großen Dingen, und wir können alle Hindernisse überwinden. Dazu fällt mir Norman Cousins ein, der Autor des Buchs *Der Arzt in uns selbst.* Cousins hatte die Diagnose Morbus Bechterew bekommen. Dabei handelt es sich um eine entzündliche Erkrankung, die dazu führen kann, dass mehrere Wirbel miteinander verwachsen. Als man ihm eröffnete, dass die Krankheit seine Lebenserwartung enorm verkürzen werde und er nicht damit rechnen dürfe, jemals wieder normal gehen zu können, entschied er sich, auf keinen Fall aufzugeben. Er schwor sich, nicht von seiner inneren Motivation zu lassen, und dieses Ziel wollte er mit ... Lachen erreichen.

Ich glaube, dass wir die Bedeutung des Lachens noch nicht richtig einschätzen, auch weil es nicht ausreichend erforscht worden ist: wie gut es sich anfühlt, wie heilsam es ist, über uns selbst und andere lachen zu können und das Leben nicht gar so ernst zu nehmen.

Cousins ließ sich alles, was er je komisch gefunden hatte, in sein Krankenhauszimmer schicken, zum Beispiel Filme der Marx Brothers oder von Abbott und Costello. Er ließ diese Filme immer wieder laufen und gab sich seinem eigenen dröhnenden Gelächter hin – Tag für Tag. Das half ihm sehr, vor allem im Zusammenwirken mit seinem Glauben an die Methode und mit seiner generell positiven Einstellung. Den Ärzten, vor allem den Chirurgen, ist durchaus bekannt, dass Menschen mit starkem Lebenswillen bessere Überlebens- und Genesungschancen haben als andere, die sich ihrer Depression überlassen und eigentlich schon aufgegeben haben.

Wille ist schwer zu definieren oder statistisch zu erfassen, aber wir wissen einfach, ob er da ist oder nicht. Wir alle haben Geschichten von Müttern gehört, die Unvorstellbares vollbrachten, um ihre Kinder zu bergen und zu retten, sei es, dass sie ein Auto hochhoben, unter dem ihr Kind lag, oder ihre Kinder aus brennenden Gebäuden herausholten. Das ist jedem von uns gegeben, und wir sind noch weit davon entfernt, diese Gabe zu nutzen.

Ich meine damit Folgendes: Du kannst selbst entscheiden, ob du weiterhin krank bist oder nicht, ob du dich von einer Krankheit beherrschen lässt oder nicht. Wie weit lässt du dich von ihr lähmen und kleinhalten? In der Werbung erzählen sie uns, wann wir eine Erkältung bekommen, schließlich wollen sie ja ihren Hustensaft (oder was auch immer) verkaufen. Aber du kannst das selbst entscheiden, denn, wie gesagt, du bist nicht dein Körper.

Optimale Gesundheit

Was ich gegen die heutige medizinische Praxis einzuwenden habe, lässt sich anhand einer Linie mit den Punkten A, B und C verdeutlichen. A steht für Krankheit, das Gegenteil von Gesundheit. B bedeutet »normal«, also alles ganz in Ordnung. Punkt C repräsentiert das Ausschöpfen unseres gesamten Gesundheitspotentials. C ist also das Optimum an Gesundheit, das wir erreichen können.

Aber die medizinische Praxis, etwa in den Vereinigten Staaten, spielt sich zwischen A und B ab. Zum Arzt geht man nur, wenn irgendetwas nicht in Ordnung ist, und dann erzählt man ihm: »Ich hab Schnupfen, ich hab Fieber, mir tut der Arm weh«, was es auch sei. In der westlichen Medizin geht es darum, dich von deiner jeweiligen Malaise aus dahin zu bringen, dass du keine Symptome mehr hast.

Es ginge auch anders, nämlich so, wie Medizin meiner Meinung nach praktiziert werden sollte. Keine Frage, wenn deine Gallenblase aus gewichtigen medizinischen Gründen entfernt werden muss, dann sollte das auch geschehen. Aber im Idealfall sollte sich die medizinische Praxis zwischen den Punkten B (normales Befinden) und C (optimale Gesundheit) abspielen. Vorbeugende, ganzheitliche, humanistische, verhaltensorientierte Medizin ist heute überall auf dem Vormarsch, und das finde ich ganz wunderbar. Aber was wäre, wenn es in der Medizin nicht mehr so sehr darum ginge, Krankheiten loszuwerden, sondern eine neue Ausrichtung um sich greifen würde, nämlich wie wir gesünder werden können? Und da stellt sich die Frage: Wie gesund können wir überhaupt sein?

Was glaubst du, ist für dich erreichbar? Hast du je darüber nachgedacht? Kannst du dich so weit bringen, dass du viele Kilometer laufen kannst, ohne zu ermüden? Kannst du einen ganzen Tag lang mit Begeisterung trainieren? Kannst du eine lange Treppe im Laufschritt nehmen, ohne angestrengt zu atmen? Kannst du eine lange anstrengende Waldwanderung machen und dich dabei großartig fühlen?

Eine Medizin des Seins, ein ganzheitlicher, am Menschen orientierter Behandlungssatz – das wäre eine großartige Sache.

Wenn du als gewandelter, erwachter Mensch unterwegs bist, gehst du immer nach diesen Gesichtspunkten vor. Du hast immer im Sinn, so gesund wie nur irgend möglich zu sein. Du siehst Symptome nicht als Grund, zum Arzt zu gehen und dann Pillen einzuwerfen. Du möchtest dir von niemandem sagen lassen, was bei dir nicht in Ordnung ist, um dann alles zu schlucken, was dir vorgesetzt wird. Ich möchte hier nicht die moderne Medizin schlechtmachen, ich habe große Achtung vor Ärzten und ihrer umfassenden und sorgfältigen Ausbildung. Aber ich glaube, es wäre sehr nützlich, die Menschen nicht nur körperlich zu behandeln, sondern ihnen von Kindheit an beizubringen, so gesund, wie sie nur eben können, zu denken und zu handeln. Stell dir vor, deine Kinder würden so aufwachsen. Du hättest dann keinen Grund, dich über ihre Vorliebe für Junkfood zu grämen, einfach, weil es gar nicht erst da wäre. Du bräuchtest es nicht im Haus zu haben, du würdest deine Kinder durch dein Vorbild zu gemeinsamem Laufen, Wandern, Radfahren, Schwimmen und anderen körperlichen Betätigungen animieren. Du würdest dich sehr, sehr gesund fühlen. Du würdest keine unnötigen Gedanken an Krankheit, Allergien und dergleichen verschwenden. Wie wäre das?

Häufig belohnen wir unsere Kinder ja geradezu für ihr Kranksein. Sie bekommen mehr Aufmerksamkeit, wir verwöhnen sie, sie müssen nicht in die Schule, wir legen ihnen Wickel an und mummeln sie vor dem Fernseher ein, und dann gibt es womöglich auch noch eine Limo, die es sonst nicht gäbe. Wir gehen immer wieder zu ihnen hin und sprechen mit ihnen, legen ihnen prüfend die Hand auf die Stirn, massieren sie ein wenig. Eigentlich bestrafen wir sie damit für ihr sonstiges Gesundsein, und das ist doch sicher das Gegenteil von dem, was wir in ihnen bestärken möchten.

Stell dir vor, du überweist deinem Hausarzt jeden Monat einen bestimmten Betrag, solange es dir gut geht, aber wenn du krank bist, bekommt er nichts – schließlich ist es ja seine Aufgabe, für deine Gesundheit zu sorgen. Die Erziehung unserer Kinder, finde ich, könnte auch dieser Logik folgen. Wenn ich von einem meiner Kinder höre, es fühle sich unwohl oder es sei eine Erkältung im Anzug, sage ich immer erst einmal: »Nein, nein, du kriegst bestimmt keine Erkältung, so stark wie du bist. Und so gesund! Du schaffst das ganz bestimmt. Jeder andere würde das jetzt vielleicht kriegen, aber du doch nicht!« Wenn ich dieses klägliche »Mir geht's nicht gut« höre, gehe ich darauf gar nicht erst ein. Dafür betone ich lieber, wie gut das Kind aussieht: »Du siehst richtig gut aus heute. Und so gesund. Und was du nicht alles schaffst.« Ich verstärke also lieber das Wohlbefinden als das Kranksein. Ich belohne meine Kinder nicht für ihr Unwohlsein. So lernen sie, »erwachsen« zu reagieren und sich für Gesundheit zu entscheiden.

Als ich selbst klein war, hieß es immer, das Fenster dürfe nicht offen bleiben, sonst würde ich mich erkälten. Ich lebte ein paar Jahre in einem Pflegeheim, und mir fiel auf, dass viele Kinder dort ständig erkältet waren, ob die Fenster nun offen standen oder nicht. Daher sagte ich zu unserer Betreuerin: »Aber ich war doch den ganzen Tag draußen und habe mit den anderen Hockey gespielt, und das bei diesem Wind. Weshalb sollte ich mich jetzt erkälten, wenn ich das Fenster offen lasse? Ich hab's gern, wenn es beim Schlafen ein bisschen kühl ist und die Luft sich bewegt.«

Sie erklärte mir dann, die Erkältungskeime seien in der Luft. Sie glaubte auch, sie seien im Linoleumboden und würden, wenn wir barfuß gingen, irgendwie durch die Fußsohlen eindringen und sich dann in der Nase festsetzen. So albern das auch klingen mag, viele Menschen haben solche abwegigen Vorstellungen, vor allem wenn es um Krankheiten geht. Ich glaube das alles nicht mehr. Wenn ich anfange zu schniefen oder sonst irgendetwas habe, sage ich mir, dass es ein Irrtum ist, und erzähle niemandem davon. Ich habe für so etwas keinen Platz in meinem Leben. Ich versuche das Erkältungsdenken zu unterbinden und die Gesundheitsgedanken stärker werden zu lassen – bei mir, bei meinen Kindern und bei allen, mit denen ich zu tun habe.

Ich sehe mich nicht als jemanden, der besondere Begabungen mitbringt, aber ich möchte meine Tage einfach nicht mit Krankheit zubringen. Stattdessen setze ich mich zur Wehr, indem ich mich in Form halte, und das ist ein ganz wichtiger Bestandteil meines Lebens. Ich glaube für mich selbst daran und für alle, die auch diese Haltung einnehmen möchten – sich gut ernähren, keinen Krankheitsgedanken nachgehen und körperlich aktiv bleiben. Nimm dir jetzt Zeit für Bewegung und Gesundheit, und du musst sie später nicht für Krankheit aufwenden. Du hast die Wahl.

Erwartungen ohne Grenzen

Wenn du dich für alles in deinem Leben selbst verantwortlich fühlst, kannst du dich auf so gut wie jede Situation einlassen und taufrisch daraus hervorgehen. Die Leute werden sagen: »Was für ein Glückspilz!« Oder: »Das hat sie aber sauber hingekriegt – immer zur richtigen Zeit am richtigen Ort.« Doch am Ende ist es auch hier wieder eine Frage der Einstellung. Ein wirklich wacher, wirklich reifer Mensch erwartet einfach, dass die Dinge für ihn genau richtig laufen werden.

Jetzt halten wir jemanden dagegen, der in seinen Wagen steigt, zum Theater fährt und nach »wieder mal kein Parkplatz« Ausschau hält und das auch prompt vorfindet. Das ist dieser typische Tunnelblick von Menschen, die nicht aus der ganzen Fülle ihrer Möglichkeiten leben. Und mit diesem Blick sehen sie, dass es weit und breit keinen Parkplatz gibt.

Bei einem unbegrenzten Menschen sieht die Erwartung anders aus: »Ich habe meinen eigenen Parkplatz. Sicher, während ich ihn ansteuere, steht vielleicht ein anderer Wagen da; das darf ja auch sein, ich bin nicht so egoistisch, dass er für mich freigehalten werden müsste. Aber wenn ich jetzt hinkomme, möge doch derjenige, der jetzt da steht, wegfahren.« Und tatsächlich, sie finden immer einen Parkplatz.

Ich sage also, dass es bei so gut wie allem in deinem Leben darauf ankommt, welche Einstellung und Überzeugungen du zur jeweiligen Situation hast. Nehmen wir als Beispiel eine Geburt. Wenn es deine erste ist, hast du natürlich ein bisschen Bammel. Du hast eine Menge darüber gehört, dass dich da Schmerzen erwarten, schließlich spricht man nicht umsonst von Wehen. Wenn du mit dieser Haltung an die Sache herangehst, wird es so furchtbar, wie du erwartest.

Andere lassen sich gar nicht erst auf den Gedanken an die Schmerzen ein. Sie sehen die Wehen als eine Aufforderung, den Körper auf eine bestimmte Art einzusetzen. Sie lassen sich so rückhaltlos auf ihre eigene Rolle bei diesem wunderbaren Prozess der Entbindung ein, dass sie keine Zeit für Schmerzgedanken haben.

Das ist natürlich für einen Mann leicht gesagt. Ich habe von Frauen schon zu hören bekommen: »Das können Sie so oft erzählen, wie Sie wollen, aber pressen Sie mal eine Wassermelone aus Ihrem Körper, danach können Sie mir erzählen, dass es nicht wehtut.« Das leuchtet mir natürlich vollkommen ein, und ich möchte die Sache auch nicht kleinreden, schon gar nicht als Vater von acht Kindern. Aber ich glaube wirklich daran, dass eine enorme Kraft darin liegt, sich auf den guten Ausgang irgendeiner Sache zu konzentrieren.

Es ist so wichtig für uns, uns klarzumachen dass das Leben aus einer endlosen Folge von Entscheidungen besteht. Ich habe im Laufe der Jahre mit vielen jungen Leuten gesprochen, die mir erzählten, dass sie mit ihrem Physik- oder Chemie- oder Mathe- oder Biologielehrer nicht zurechtkommen und überhaupt dieses und jenes nicht ausstehen können. Ich frage dann: »Worauf bist du denn aus? Weshalb machst du Biologie? Weil es ja sein muss? Du weißt ja, von einer bestimmten Klasse an gehst du freiwillig zur Schule. Du könntest selbst die Entscheidung treffen, nicht weiter zur Schule zu gehen. Du könntest ein Schulschwänzer werden. Dir stehen so viele Möglichkeiten offen. Du bist noch da, weil du es so möchtest – also, was willst du davon haben?«

Die meisten wollen keine Biologen werden, sie möchten die Sache nur hinter sich bringen, damit sie nicht wiederholen müssen und das ganze Elend von vorn losgeht. (Es kann natürlich auch sein, dass sie tatsächlich etwas lernen wollen.) Deshalb sage ich dann: »Du hast da also diesen Lehrer, den du jeden Tag siehst. Glaubst du wirklich, dass er dir das Leben sauer machen möchte, dass er sich morgens nach dem Aufstehen gleich sagt: ›Mal sehen, was ich heute mit diesem Michael machen kann. Gestern hab ich ihm schon ganz schön zugesetzt, aber vielleicht schaffe ich es heute, ihn richtig fertigzumachen.‹ Wenn das deine Überzeugung ist, darfst du natürlich mit Problemen rechnen. Du willst Bio nur hinter dich bringen und nicht wiederholen müssen, und jetzt sitzt du da und erzählst, wie schrecklich das alles ist. Warum siehst du die Sache nicht einfach anders und hältst es für möglich, dass der Unterricht dir sogar Spaß macht? Zumindest solltest du zusehen, dass du die Sache einfach durchstehst und nicht wiederholen musst. Ändere deine Erwartungen, und reagiere möglichst erwachsen.«

Tagebuchübung

Stell dir vor, es ist Wochenende und du wirst gebeten, den Rasen zu mähen. Es ist ein herrlicher Tag, aber auf einmal bist du zum Umfallen müde.

Später am Tag wirst du gefragt: »Kommst du heute Abend mit zu dieser Party, obwohl du so müde bist, wie du gesagt hast?« Bestimmt sagst du dann doch: »Na klar! Ich bin knallwach.«

Wenn etwas ansteht, was du wirklich gern machst, ist die Müdigkeit wie weggeblasen. Wie damals bei den Hausaufgaben. Du brauchtest dich nur hinzusetzen, schon ging die Gähnerei los. Aber dann rief ein Freund an, und du konntest mühelos und sehr munter zwei Stunden telefonieren.

Schreib jetzt in deinem Tagebuch Vorkommnisse dieser Art auf, an die du dich erinnerst. Dann überleg dir, wie du anders reagieren und auf einen erfreulichen Ausgang der Sache hättest setzen können.

4

Wer du wirklich bist

Einmal in Florida nahm mich ein Freund in seinem Boot mit. Während er steuerte, sah ich mich um. Mich faszinierte das Kielwasser, dieser von der Schraube aufgewühlte Streifen hinter uns. Als ich es so anschaute, wurde mir sehr bewusst, dass dieses Kielwasser das Boot nicht antrieb, sondern etwas war, was wir hinterließen, und das auch nur für kurze Zeit. Dann war es nicht mehr zu sehen.

Auch jeder Mensch hinterlässt eine Art Kielwasser, und es besteht aus allem, was je in unserem Leben vor sich ging – unsere Erlebnisse, unsere Überzeugungen und alles, was unsere Eltern, die Schule, die Religion und so weiter uns in bester Absicht beigebracht haben.

Mach dir klar, dass nichts von dem, was deine Biografie enthält, das Boot deines Lebens antreibt, so wenig wie das Kielwasser das richtige Boot in Florida antrieb. Antrieb deines Lebens ist die Energie, die du jetzt generierst, nicht deine Vergangenheit. Der Gedanke, dass du so sein musst, wie du immer warst, weil du dieses oder jenes erlebt hast, ist so falsch wie die

Vorstellung, dass ein Boot von seinem Kielwasser angeschoben wird. Lass den Gedanken einfach fallen.

Ich spreche hier von einer höheren Ebene der Freiheit, auf der du alles hinter dir lässt, was dir suggeriert hat, das Kielwasser bewege das Boot deines Lebens vorwärts. All das ist einfach nur die Spur, die du zurücklässt. Um auf diese Ebene der Freiheit zu kommen, die einem höheren Bewusstsein entspricht, musst du all die Dinge, die dein Kielwasser ausmachen, löschen oder verschwinden lassen. Lös dich von der immer wieder neu erzählten Geschichte, dass die Dinge, die dir in der Vergangenheit widerfahren sind, deine Gegenwart bestimmen.

Was du nicht bist

Wenn du nicht deine Geschichte bist, dein Kielwasser, was bist du dann? Sehen wir uns ein paar der Dinge an, die du nicht bist, auch wenn dir dein Leben lang etwas anderes erzählt worden ist.

Du bist nicht dein Name. Die meisten Menschen sind sehr mit ihrem Namen verbunden und identifiziert, obwohl es sich nur um ein Wort handelt. Mein Vorname Wayne beispielsweise bedeutet einfach »Wagenmacher«, und Dyer bezeichnete im England des 17. Jahrhunderts jemanden, der Wolle und Häute färbte. Nimmt man den Namen wörtlich, bin ich ein Häute färbender Wagenmacher.

Aber natürlich bin ich nicht mein Name, den habe ich nur, damit man mich von allen anderen Bewohnern dieses Planeten unterscheiden kann. Und für dich gilt dasselbe: Du bist nicht dein Name.

Du bist nicht dein Körper. Ich erinnere mich an ein Gespräch mit einem Mann, dessen Sohn gestorben war. Er erzählte, er habe die Leiche seines Sohns der Wissenschaft überlassen und alle Organe gespendet. Ich dachte: »Das ist eigentlich eine sehr schöne Sache, aber wer war denn der Besitzer des Körpers?« Wenn du deinen Körper und seine Teile nach deinem Tod der Wissenschaft überlässt, gibt es einen Spender und einen Körper, der gespendet wird. Du bist dieser Spender, du bist nicht dein Körper. Du bist es, dem er gehört, der ihn betrachtet und bemerkt oder eben der Wissenschaft überlässt. Dir ist das bewusst. Wenn du sagst: »Das hier ist mein Arm«, sagst du damit, dass du etwas namens Arm besitzt. Du sagst nicht, dass du dein Arm bist, sondern dass du ihn hast.

Du bist nicht dein Denken. So wie wir »mein Körper« sagen, sprechen wir auch von »meinem Denken«. Du siehst dich als Inhaber deines denkenden Verstands. »Heute Morgen dachte ich« besagt, dass du der Denker des Gedankens bist, das Ich, das diesen Gedanken hat. Der spirituelle Lehrer Nisargadatta Maharaj wurde einmal gefragt, ob der Geist eigentlich der Mensch sei. Er sagte: »Wenn man genau hinschaut, ist zu erkennen, dass der Geist nur so schwirrt von Gedanken. Gelegentlich geht mal nichts in ihm vor, aber es dauert nicht lange, und dann fängt das Hin und Her der Gedanken wieder an. Ein ruhiggestellter Geist ist nicht unbedingt in Frieden. Du sagst, du möchtest deinen Geist befrieden. Ist der, der das sagt, selbst in Frieden?«

Was für eine fantastische Frage. Du, Leserin und Leser dieses Buchs, wünschst dir inneren Frieden. Ist das Du, das sich inneren Frieden wünscht, selbst in Frieden? Und dieses Du bist du ja. Der Betrachter, das bist du. Du bist nicht der Gedanke, sondern der, der ihn wahrnimmt.

Du bist nicht dein Beruf. Du bist nicht Ingenieur oder Lehrerin oder Ladenbesitzerin oder Sekretärin oder Krankenpfleger. Solche Funktionsbezeichnungen halten dich nur von deinem wahren, höheren Ich getrennt. Das an dir, was immer war und immer sein wird, dein göttliches, ewiges, unwandelbares Ich, betrachtet dich bei solchen Tätigkeiten lediglich. Wenn du deine berufliche Tätigkeit als deine Identität ansiehst, schränkst du dich ein und sagst damit eigentlich, dass du nichts anderes kannst.

Dieses Problem, das uns nicht frei sein lässt, haben viele von uns: Wir sehen uns an eine Berufsbezeichnung gekettet, für die wir uns vor vielen Jahren entschieden haben. Wir glauben, wir seien das. Wir können es nicht überwinden, obwohl es eigentlich in unserem Kielwasser liegt und nur die Spur ist, die wir hinterlassen. Was du bis jetzt getan hast, ist wirklich nur das, was du getan hast. Es gibt aber nicht nur dieses Tun, sondern du bist auch noch der, der bei diesem Tun zugesehen hat. Und dieser Betrachter bist du eigentlich. Du bist immer der Zeuge, der Zuschauer, der dir bei all diesem Tun zusieht. Wenn du also jetzt dein Augenmerk auf das richtest, was du sein möchtest, und nicht mehr nur auf das, was du immer getan hast, ändert sich deine Perspektive, und du traust dir alles Mögliche zu.

Dafür nützt es mir nichts, mich als Lehrer oder Schriftsteller oder Redner oder sonst irgendetwas zu sehen. Fragt man mich, was ich bin, fällt mir nichts ein, weil ich mich zu allem Möglichen befähigt fühle, aber nichts Bestimmtes als meine Identität ansehe.

Du bist nicht deine Beziehungen. Du bist in einer Beziehung und betrachtest die Beziehung, aber du bist nicht die Beziehung. Endet oder scheitert die Beziehung, ist das nicht *dein* Scheitern. Du bist in allem immer der Betrachter. Du bist nie der Mensch, zu dem du jeweils gerade in einer Beziehung stehst. Es ist wie ein großes Spiel oder Stück, an dem wir alle beteiligt sind: Es gibt Auftritte und Abgänge, manche spielen kleine Rollen, andere sind länger dabei, aber du bist das alles nicht.

Stell dir das ungefähr so vor, wie wenn du schlafen gehst und träumst. Die Figuren, Umstände und Örtlichkeiten, die du für deinen Traum brauchst, erzeugst du alle selbst. Sie sind aber alle nicht du, du schaffst die Figuren nur für deinen Traum. Wenn du aufwachst, nimmst du den Figuren ihre Auftritte in deinem Traum nicht übel. Du weißt, dass du sie einfach nur für die Gestaltung deines Traumes brauchtest. Und genau das gilt auch für den »Wachzustand« genannten Traum. Die Figuren, die du für das Stück »Mein Leben« brauchst, erzeugst du selbst, aber du bist das alles nicht. Dass du Beziehungen zu ihnen unterhältst, legt dich nicht fest. Du bist vielmehr der, der das alles betrachtet. Du bist der Zeuge.

Du bist nicht deine Nationalität, deine ethnische Zugehörigkeit, deine Religion oder irgendeine der Bezeichnungen, die du dir gegeben hast. Du bist nicht Amerikaner oder Europäer oder Asiate. Du bist nicht schwarz oder weiß oder braun. Du bist nicht Christ oder Buddhist. Du bist ewig. Du bist eine göttliche Erweiterung Gottes. Du bist unsichtbar, ewig, unwandelbar. Sicher, du lebst in einem bestimmten Land, fühlst dich einer bestimmten Religion zugehörig, und dein Körper zeigt bestimmte Merkmale, doch all das bist du nicht. Du bist von alldem unabhängig und betrachtest es. Nichts an deinem Körper oder an deiner geografischen Verortung macht dich zu etwas Besserem als irgendein anderer Mensch irgendwo auf dieser Erde. Du bist eine Fortsetzung Gottes, eher zufällig in diesem bestimmten Körper unterwegs und in diesen bestimmten kulturellen, ethnischen und geografischen Rahmen eingebunden. Und dieser Körper und dieser Rahmen sind Bestandteile deines göttlichen Auftrags.

Für diesen Auftrag oder diesen Lernplan hast du dich selbst entschieden. Es ist der Weg, auf dem du den höheren Teil deiner selbst erreichen möchtest, nicht besser und nicht schlechter als der Weg irgendeines anderen Menschen. Dieser Körper mag klein oder groß, dunkel oder hell sein, er hat immer mit deinem Lernplan zu tun. Was er kann oder nicht kann, entspricht genau der göttlichen Ordnung. Wie ich schon so oft betont habe, ist dein Körper nicht das, was du bist, sondern einfach eine Garage, in der du deine Seele für ein Weilchen unterbringst.

Eine gute Zusammenfassung dieses Abschnitts verdanke ich Nisargadatta Maharaj, mit dem mich mein Freund Deepak Chopra vor Jahren bekannt machte. Nisargadatta starb Anfang der Achtzigerjahre, aber sein Werk ist weiterhin von großem Einfluss auf mein Leben.

Einer seiner Schüler sagte einmal zu ihm: »Wenn ich den Blick nach innen wende, sind da lauter Empfindungen und Wahrnehmungen, Gedanken und Gefühle, Erinnerungen und Erwartungen. Das umgibt mich wie eine Wolke, und ich sehe gar nichts.«

»Wer all das und auch das Nichts sieht«, erwiderte Nisargadatta, »das ist der innere Lehrer. Er allein *ist,* alles andere scheint nur zu sein. Er ist dein Selbst, deine Hoffnung und dein Versprechen der Freiheit – ihn musst du finden und dich an ihn halten, dann bist du gerettet und in Sicherheit.«

Der innere Lehrer nimmt all die Wahrnehmungen wahr, empfindet all die Empfindungen und macht all die Erfahrungen, er ist es, der die Gedanken, Gefühle, Wünsche, Ängste, Erinnerungen und Erwartungen hat. All das durchlebt dein innerer Lehrer, und so ist er das, was du wirklich bist.

Keine Labels

Gegen Ende meiner Zeit als Doktorand an der Wayne State University nahm ich an einem Kurs von Milton Kavinsky teil, einem der besten Lehrer, die ich je hatte. Ich war einer von sechzehn Teilnehmern dieses Oberseminars über angewandte Metaphysik. Jeder von uns musste sich eine philosophische Anschauung vornehmen und sie zweieinhalb Stunden lang dem ganzen Kurs darlegen, und anschließend sprach Kavinsky noch einmal eine Stunde lang darüber. Wir sollten unsere Argumente mit Blick auf ihre Umsetzbarkeit vorbringen, damit wir alle sagen konnten: »Wenn wir heute den Raum verlassen, werden wir in unserem Leben etwas ändern, sofern wir uns die vorgetragenen Ideen zu eigen machen.« Es handelte sich um einen Pflichtkurs im Rahmen der Promotion. Ich fand ihn großartig.

Zur Abschlussklausur teilte uns Kavinsky mit, sie werde drei Stunden und vierzig Minuten dauern und es werde eine Open-Book-Klausur sein (zu der alle Bücher und insbesondere eigene Aufzeichnungen und Mitschriften zugelassen sind). Um zehn Uhr morgens teile Kavinsky die Aufgaben aus und sagte: »Sie können also bis zwanzig vor zwei schreiben. Alle Hilfsmittel sind erlaubt. Und jetzt bitte das Blatt umdrehen.« Dann verließ er den Raum. Auf allen Blättern stand dasselbe: *Wer bist du?* Sonst nichts. Wir sahen uns gegenseitig an, dann unsere mitgebrachten Materialien.

Kavinsky kam noch einmal hereingeschlendert, ganz Columbo, falls du dich an die Serie erinnerst: scheinbar vergesslich, aber in Wahrheit wusste er immer haargenau, was er tat. Kavinsky sagte: »Meine Güte, was hab ich nur wieder? Es gibt noch ein zweites Blatt, das hätte ich um ein Haar vergessen.« Er ließ uns richtig schmoren.

Er teilte das Blatt aus und erläuterte: »Hier die Liste der Dinge, über die Sie nicht schreiben dürfen. Wenn Sie irgendetwas davon auch nur erwähnen, sind Sie bei diesem Seminar durchgefallen. Ihr Alter, Ihre familiäre Herkunft, Ihre Ziele, Ihre Hobbys, Ihre Religion, Ihr Wahlverhalten, Ihr Wohnort, Ihr Einkommen, Ihre Pläne für Ihr Leben – von alldem will ich nichts hören.« Er nannte an die sechzig solcher Punkte, die uns in diesem Moment bereits im Kopf herumgingen, um die Frage zu beantworten, wer wir seien. Ganz unten stand ein Ausspruch des großen dänischen Philosophen und Theologen Søren Kierkegaard: »Wer mich einordnet, verneint mich.« Dann verließ Kavinsky endgültig den Raum. Ich kann dir sagen, dies war für mich eine der schwierigsten Aufgaben, die ich jemals zu erfüllen hatte, aber ich habe sie nie vergessen.

Es ist wirklich nicht einfach, etwas über den nicht etikettierbaren Teil deiner selbst zu sagen, aber wenn du es tust, ist die Wirkung durchschlagend. Du magst ihn Seele oder Geist nennen, jedenfalls wirst du erkennen, dass von diesem unsichtbaren Anteil deiner selbst alles abhängt, was dein Leben betrifft. Dann sagst du dir: »Schön, und wie kann ich jetzt dieses Bewusstsein und mein Denken nutzen, um aus meinem Leben das zu machen, was mir vorschwebt, um das zu verwirklichen, was mir wichtig ist, um meine Beziehungen zu verbessern und den Erfolg zu haben, der mir zusteht?« Irgendwann geht dir auf, dass jeder deiner Gedanken für dich Realität werden kann. Du fängst dann an, sehr genau darauf zu achten, ob du etwas denkst, was nichts Gutes für dich mit sich bringen würde, und du fragst dich, weshalb du solche Gedanken überhaupt zulässt. Damit stellt sich ein Gefühl ein, dass du für alles, was dir durch den Kopf geht, selbst verantwortlich bist.

Wie du denkst, so wirst du sein

Wie bereits erwähnt, geht jeder Handlung ein Gedanke voraus. Wenn deine Gedanken also bei Unliebsamem verweilen, wird das Unliebsame für dich zunehmen. Ich möchte jetzt einen ganz wichtigen Punkt hervorheben: *Jedes Problem in deinem Leben besteht in deinem Denken.* Was dir begegnet, wird erst durch deine gedankliche Verarbeitung zum Problem.

Wenn dir klar ist, dass jedwedes Problem in deinem Denken liegt, weißt du auch, dass die Lösung ebenso in deinem Denken liegen muss. Sie kann nicht in etwas oder jemandem außerhalb deiner selbst liegen. Wenn du glaubst, dass irgendwer dich unglücklich macht, schick diesen Menschen zu mir, und ich werde ihn behandeln, und dann geht es dir wieder besser. Das ist natürlich Unsinn. Wir wissen, dass beide, das Problem und die Lösung, in uns sind. Die Macht liegt in dir, vergiss das nicht.

Du *wirst* das, über was du den ganzen Tag nachdenkst. Stell dir vor, du wärst ein Vertreter und unterwegs zu einem Kundenbesuch. Was, wenn dir die ganze Zeit negative Gedanken durch den Kopf gehen? Du kannst nichts anderes denken als: »Das wird sowieso nichts« oder »Diese Arbeit ist nicht wirklich meine Stärke« oder »Ich habe nicht genug Erfahrung« oder »Dieser Typ hält mich schon so lange hin, wahrscheinlich kommt es wieder zu keinem Abschluss« ... Was wird wohl dabei herauskommen? Wie du denkst, so wirst du sein.

Es kommt also darauf an, dich nicht mit negativen Gedanken zu lähmen. Wenn du nach Unerfreulichem suchst, wirst du immer etwas finden. Wenn du zunehmenden Rassismus in der Welt erwartest, brauchst du dich nur umzuschauen und wirst ihn sehen. Aber wenn du dich auf zunehmende Mitmenschlichkeit konzentrierst, wirst du die auch sehen und bist sogar daran beteiligt. Das kollektive Bewusstsein beginnt mit jedem Einzelnen von uns.

Woran du denkst, das nimmt zu, so lautet die erste Regel. Und die zweite: *Woran du denkst, das ist bereits da.* Das ist ganz wichtig. Woran du denkst, das ist in der Welt des Denkens bereits gegeben, es ist nicht anderswo. Was du dir vorzustellen vermagst, kann auch äußere Form werden. Das musst du dir unbedingt bewusst machen, und deine Kinder sollten es auch wissen, vor allem, wenn sie von etwas glauben, sie könnten es nicht.

Als meine Tochter Sommer klein war, legte ich mich manchmal auf den Rücken und hob sie mit den Armen hoch. Bei meinen übrigen Kindern war es so, dass sie sich da oben mühelos ausbalancierten, aber bei Sommer klappte es nicht richtig, und sie kippte dann ab. Einmal kam ich auf den Gedanken, etwas Neues auszuprobieren, und fragte sie: »Sommer, wie heißt Daddys Buch?«

»Die Kunst, Berge zu versetzen«.

»Und? Kannst du das?«

»Ja, kann ich!«

»Noch mal«, sagte ich. »Ich will das hören. Kannst du?«

»Ich kann!«

»Was kannst du?«

»Balancieren!«

Ich spielte das Ganze durch: »Siehst du vor dir, wie du es machst? Hältst du die Balance? Kannst du es?«

»Ich kann es, ich kann es!«

»Dann los«, sagte ich und hob sie hoch, und natürlich konnte sie mühelos die Balance halten. Nur eine kleine gedankliche Änderung, das war alles.

Worin, glaubst du, unterscheidet sich ein Kind, das schwimmen kann, von einem anderen, das es nicht kann? Wenn ein Kind irgendwann schwimmen kann, ist dann plötzlich eine neue körperliche Fertigkeit da, die vorher nicht vorhanden war? Nein, das Kind glaubt nur jetzt etwas anderes und handelt danach. Das gilt auch fürs Radfahren oder irgendetwas anderes dieser Art. Erst ändert sich das Denken, und dann verhält man sich dementsprechend. Oder wie die Sufis sagen: »Wenn du keinen Tempel im Herzen hast, wirst du dein Herz nie in einem Tempel finden.« Ich will damit sagen: Was du denkst, expandiert. Jeder deiner Gedanken bildet dein Menschsein ab, und jeder deiner Gedanken ist bereits Realität.

Gedanken Realität werden lassen

Wenn es darum geht, einen Gedanken Gestalt annehmen zu lassen, musst du auch bereit sein, das Entsprechende zu unternehmen. Beachte bitte, dass ich nicht sage, du müsstest dich mächtig ins Zeug legen und ringen und kämpfen, du müsstest dich ins Gewühl stürzen und es dir so schwer wie möglich machen. Das

Schlüsselwort dieses Denkens lautet »Bereitschaft«. Du musst willens sein.

Das sage ich dir als jemand, der immer willens gewesen ist, das Notwendige zu tun. Ich habe als Kind Jahre in einem Waisenhaus und in Kinderheimen zugebracht, und ich war immer bereit, das zu tun, was notwendig war, um die Tage dort für mich und die anderen Kinder – darunter auch mein älterer Bruder – so erfreulich wie möglich zu machen. Als ich mein Buch *Der wunde Punkt* schrieb, hieß es immer: »Nein, wir haben keinen Werbeetat« und »Nein, wir können Sie nicht auf Lesereise schicken« und »Nein, Sie können nicht in dieser Sendung auftreten« und so weiter. Bei solchen Absagen habe ich mich schon immer von Herzen bedankt, weil sie mir erst richtig den Schwung und die Bereitschaft geben, alles Erforderliche zu unternehmen, um mein Ziel zu erreichen.

Das sah bei dem genannten Buch so aus: Zwei Jahre meines Lebens habe ich damit zugebracht, mein Buch überall in den Vereinigten Staaten zu verkaufen. Man hatte mir gesagt, dass man in Amerika die Leute nur dann erreicht, wenn man in allen großen Talkshows auftritt, aber in den großen Talkshows wusste keiner, wer Wayne Dyer war. Wenn ich die Menschen in Amerika ansprechen wollte, musste ich also wohl zu ihnen hingehen. Ich sprach daher bei allen lokalen Radio- und Fernsehsendern vor, und zwar überall im ganzen Land. Damals wurde man im Frühstücksfernsehen gern genommen, wenn man irgendwas Neues anzubieten hatte, zum Beispiel einen Avocado-Dipp. Ich machte also fröhlich die Runde durch solche

Sendungen und hatte immer ein paar Exemplare meines Buchs dabei, die jeder kaufen konnte.

Ich tat einfach das, was notwendig war, um mein Anliegen an den Mann zu bringen, aber ich dachte nie, dass es mühsam sein würde oder fehlschlagen könnte. Misserfolg ist ja ein Urteil, das die Leute nachträglich fällen. Erwachte Menschen glauben nicht an solche Urteile. Sie achten nur auf die positiven Botschaften, die aus ihnen selbst kommen.

Ein Idealist sein

Du hast sicher auch schon gehört, es sei reiner Idealismus, sein Leben nach den Vorgaben des höheren Selbst zu führen. Man legt uns nahe, unsere Möglichkeiten realistisch zu sehen und die zwangsläufig auftauchenden Grenzen zu respektieren. Als Idealist ist man in dieser Gesellschaft kritischen Bemerkungen ausgesetzt, man wird als Träumer bezeichnet, und das ist nicht schmeichelhaft gemeint.

Von William Blake, einem meiner Lieblingsdichter, mag ich diese Worte ganz besonders: »Würden die Pforten der Wahrnehmung gereinigt, erschiene den Menschen alles, wie es ist: grenzenlos.« Kannst du dir deine Realität so vorstellen, in allem grenzenlos? Wer dieses Bewusstsein in sich heranbildet, für den ist die Realität nicht länger durch die stoffliche Welt bestimmt. Ich möchte dich dazu animieren, dich mit dieser Wirklichkeit zu beschäftigen. Ich selbst tue das die ganze Zeit. Auf der Ebene des Allerkleinsten, der Quanten-Ebene, ist alles reine Energie, und in einer Welt, in der alles letztlich Energie ist und es keine Form gibt, ist das, was du siehst, zugleich das, was du erschaffst. Ich habe schon immer sehr viel von diesen Worten der Anthropologin Margaret Mead gehalten: »Zweifle nie daran, dass eine kleine Gruppe engagierter Menschen die Welt ändern kann – tatsächlich ist dies die einzige Art und Weise, in der die Welt jemals verändert wurde.« Also noch einmal: Wenn du es dir innerlich vorstellen kannst, kannst du es auch in deinem Leben erschaffen.

Das gilt auch andersherum: Wenn du es nicht vor dem inneren Auge siehst, kannst du es auch nicht in deinem Leben erschaffen. Um dir ein wunderbares, freies Dasein zu schaffen, musst du es dir erst einmal vorstellen können. Es wird dir nicht gelingen, wenn du als Realist zu Werke gehst: »Ich kann mich nur an das halten, was ich sinnlich wahrnehme, was ich sehe, höre, berühre, schmecke und rieche.« Bevor ich aufs Podium gehe, um vor Tausenden Zuhörern zu sprechen, habe ich durchaus ein bisschen Lampenfieber. Aber dann sehe ich vor mir, wie ich einfach vor dieses Publikum hintreten und ohne Notizen meinen Vortrag halten kann, und so läuft es dann auch.

Als meine Tochter Skye zwölf war, ging es einmal für sie darum, zum ersten Mal vor großem Publikum zu singen. Es war ein großer Anlass und ein wunderbarer Moment für sie, aber sie hatte trotzdem Bammel.

Ich sagte zu ihr: »Ich weiß, dass du aufgeregt und nervös bist, aber kannst du vor dir sehen, wie du singst?«

Sie antwortete: »Ja, kann ich total.«

»Dann brauchst du nur bei diesem Bild zu bleiben. Alles Übrige und alle Einzelheiten werden sich von selbst ergeben«, versicherte ich ihr. Und es lief wirklich alles ganz wunderbar für sie. Sagst du aber: »Das habe ich noch nie gemacht, es ist vollkommen neu für mich und wird mir sicher nicht gelingen. Wahrscheinlich stolpere ich oder vergesse meinen Text«, dann wirst du zu dem Realisten, der sich selbst erzählt, dass er eben auch nur ein Mensch ist. Du ziehst dir alle möglichen Grenzen, und das könnte ein Muster werden, an das du dich in deinem weiteren Leben hältst.

Du willst nicht wie ein Architekt sein, der sich an vorgegebene, einengende Blaupausen halten muss, sondern du willst sagen: »Ja, ich bin idealistisch, ich glaube einfach, dass Weltfrieden möglich ist.« Was sollen wir denn sonst machen, wie sollen wir eine Welt ohne Atomwaffen schaffen, wenn alle glauben, das sei nicht möglich? Das kann nicht gehen. Wir brauchen Idealisten.

Thomas Edison war ein Idealist, er glaubte an die Möglichkeit, die Welt zu beleuchten. Alexander Graham Bell war ein Idealist, der an fernmündliche Kommunikation mittels Telefonen glaubte. Wenn du ein Realist bist, hast du immer nur deine Begrenzungen vor Augen. Aber erinnere dich: Du bist eigentlich der Betrachter, der göttliche Zeuge. Du bist es, der alldem zuschaut und weiß, dass es auf dem Weg der Erleuchtung keine Begrenzungen und Beschränkungen gibt.

Um ein Idealist zu werden, musst du erst einmal deiner Intuition trauen. Mach dir innerlich immer wieder klar, dass du deine Realität von jetzt an selbst definieren wirst und dass diese

Definition auf deiner eigenen Weisheit beruht. Dir selbst vertrauen heißt dann, dass du der Weisheit vertraust, die dich erschaffen hat. Deine Intuition ist etwas unglaublich Kraftvolles. Mach sie zur lenkenden Kraft deines Lebens, und du bereinigst all den »realistischen Pessimismus«, der dich bremst und einengt und festhält.

In meinem Buch *Everyday Wisdom* habe ich geschrieben: »Durch dein Gebet sprichst du mit Gott, durch deine Intuition spricht Gott mit dir.« Dieses intuitive Wissen, diese innere Triebkraft, die in mancher Hinsicht wie ein Schubs sein kann, ist wirklich Gott, der mit dir spricht. Wenn du solche Eingebungen nicht beachtest, kann dich das eine Menge kosten.

Wir haben alle schon erlebt, wie es ist, wenn wir nicht auf unsere Intuition hören. Später sagen wir dann: »Ich wusste, ich hätte Nein sagen sollen. Ich wusste, ich hätte es nicht tun sollen.« Und schlagen uns mit den Folgen herum. Aber früher oder später kommen wir dahin, dass wir unsere Intuition nicht mehr übergehen. Dann beginnt unsere Zusammenarbeit mit Gott.

Erinnere dich an irgendetwas, das du einst geglaubt hast, bis man es dir ausredete. Ich zum Beispiel habe geglaubt, ich sei ein wirklich toller Zeichner, aber in der vierten Klasse musste ich mir dann von einer Lehrerin sagen lassen: »Das ist ja wirklich eine ganz miserable Zeichnung. Zeichnen kannst du anscheinend nicht.« Bis heute habe ich immer noch diese blöde Bemerkung im Ohr, die ich in der vierten Klasse über meine zeichnerische Begabung gehört habe.

Denk an all die Dinge, an die du zu glauben gelernt hast, auch religiöse Glaubenssätze, die man einfach an dich weitergereicht hat, oder Dinge, die du gelesen oder im Unterricht gelernt hast und bei denen du jetzt einräumen musst: »Vielleicht ist es das, was mich so engstirnig gemacht hat.« Wenn du diese Dinge jetzt noch einmal abklopfst, dann sag dir dabei: »Nichts muss mir heute noch unmöglich sein. Ich löse mich jetzt von all den verstaubten Vorstellungen.« Falls du eine Liste angelegt hast, könntest du wahrscheinlich hundert solcher Dinge durchstreichen, weil du erkennst, dass sie heute nicht mehr dein Boot steuern oder dich überhaupt beeinflussen müssen.

Anschließend hätte ich gern, dass du ein bisschen mit deiner neuen Wirklichkeit experimentierst. Stell dir etwas vor, was du gern eintreten sehen würdest, oder jemanden, den du treffen möchtest, irgendetwas, was dir wichtig ist. Sieh innerlich, wie es sich in deinem Leben manifestiert, und behalte all die Kleinigkeiten im Blick, die dazu führen. Nach einiger Zeit wird dir auffallen, dass du jetzt eine Rolle als Mitschöpfer in deiner Wirklichkeit spielst. Es kann eine Weile dauern, bis du deine Fähigkeit, so zu werden, wie du sein möchtest, und deine Wünsche in deinem Leben verwirklicht zu sehen, idealistisch genug betrachtest, aber es wird dahin kommen. Du brauchst nur die Vision im Zentrum deines inneren Blickfelds zu behalten.

Tagebuchübung

Versuch dich mal an der Aufgabe, die mir von Milton Kavinsky gegeben wurde: Nimm dir dreieinhalb Stunden Zeit und sieh zu, was passiert, wenn du in dieser Zeit in deinem Tagebuch darüber schreibst, wer du bist – und dabei alle Etikettierungen weglässt. Was wird dir bei dieser Übung deutlich? Und wie kannst du diese machtvolle Präsenz in den Vordergrund deines Lebens bringen, um deine Wünsche künftig effektiver in die Wirklichkeit zu überführen?

Zweiter Teil

Wahrer Erfolg

Nicht Erfolg ist der Schlüssel zum Glück, sondern Glück ist der Schlüssel zum Erfolg. Wenn du gern tust, was du tust, wirst du auch erfolgreich sein.

Albert Schweitzer

5

Die inneren Signale beachten

Erfolg und Glück sind für viele eng miteinander verbunden. Beide sind etwas, das wir verkörpern können. Wenn du Erfolg in dir hast, ist er dir bei allem, was du tust, zur Hand. Du bringst ihn schon ein in den Umgang mit deinen Kindern, das heißt, er liegt nicht darin, dass du sie »richtig« erziehst. Er besteht auch nicht in einem Geschäftsabschluss, sondern du bringst ihn auch hier schon in alle Phasen des Deals ein. Dein Erfolg besteht nicht in der Erfüllung deines Solls oder in deinen Provisionen, sondern darin, dass du vollkommen auf deine Kunden eingehst. Auf dem Weg der Erleuchtung denkst du nicht an das, was dabei herauskommen soll, sondern freust dich an allem, was du unterwegs entdeckst. Wenn du einfach losziehst und es darauf anlegst, dein Leben so zu führen, wie du möchtest, machst du jeden Tag zu einem Wunder, und es erwartet dich mehr Erfolg, als du je geahnt hättest.

Hier eine kleine Geschichte, die andeutet, was ich meine: Ein alter Kater und ein kleines Kätzchen treffen sich in der Gasse. Das Kätzchen rennt seinem Schwanz nach, und der alte Kater fragt: »Was machst du denn da?«

Das Kätzchen sagt: »Ich habe Katzenphilosophie studiert und gelernt, dass es in der Welt zwei Dinge gibt, die für eine Katze wichtig sind. Das Erste und Wichtigste ist Glück, aber dann muss man zweitens noch wissen, dass Glück im Schwanz sitzt. Deshalb dachte ich mir, dass ich jetzt meinem Schwanz nachjagen muss, bis ich ihn endlich habe. Dann ist mir ewiges Glück sicher.« Daraufhin sagt der alte Kater: »Weißt du, ich hatte ja keine Gelegenheit, Philosophie zu studieren, ich bin einfach mein Leben lang herumgestreunt. Erstaunlicherweise aber habe ich dasselbe gelernt wie du. Ich weiß auch, dass Glück das Allerwichtigste für eine Katze ist und dass es tatsächlich im Schwanz sitzt. Ich bin nur ein bisschen anders darauf gekommen. Das Leben hat mir gezeigt: Wenn du einfach immer das tust, was dir wichtig ist, folgt das Glück dir überallhin.«

So ist es auch beim Erfolg.

Menschen, die ihre Motivation von außen beziehen, suchen auch den Erfolg im Außen, in allen möglichen Errungenschaften, in Dingen, die man kaufen kann, und so weiter. Wer seine Motivation in sich selbst hat, tut einfach das, was für ihn gut ist, und zwar natürlich, ohne einem anderen damit zu schaden. Erfolg ist etwas, was solche Menschen in sich selbst finden.

Ein in diesem Sinne selbstmotivierter Mensch wird, um die Dinge zu erreichen, die er möchte oder für wichtig hält, auch Anfeindungen ertragen oder notfalls auch den etablierten Autoritäten trotzen. So kann man nur sein, wenn man auf seine »inneren Signale« achtet, wie ich das gern nenne. *Du* triffst die Entscheidungen und folgst dabei stets deinem inneren Kompass. Du wartest nicht darauf, dass dir andere oder die Umstände zeigen, wo es langgeht.

Meinungen, Ansehen und Charakter

Was andere Leute denken, das sollte dir klar sein, ist einfach ihre Meinung. Es ist nicht unbedingt eine gute Idee und erst recht nicht die Wahrheit, zumindest nicht *deine* Wahrheit. Es handelt sich einfach um das Urteil anderer.

Meinungen sind als solche von geringem Wert. Es hängt von ihrer Umsetzung ab, ob sie irgendetwas in der Welt bewirken. Ich habe mit den Meinungen anderer so umzugehen gelernt, dass ich mir sage: Sie können mir nichts tun, sie können mich nicht niedermachen, sie können mich in meinem Menschsein nicht abwerten.

Ähnlich wie Meinungen ist auch das Ansehen etwas für sich selbst genommen Bedeutungsloses. Wenn ich zum Beispiel vor tausend Zuhörern einen Vortrag halte, stehe ich tausend Meinungen gegenüber. Jeder hat eine andere, und ich kenne sie nicht einmal. Trotzdem machen sie zusammen mein Ansehen aus, meinen Ruf. Da habe ich dann tausend Arten von Ansehen, aber auf das, was irgendeiner dieser Zuhörer aus meinem Vortrag macht, habe ich keinen Einfluss. Über mein Ansehen bestimme ich nicht selbst, es liegt in den Meinungen der Zuhörer.

Terry Cole-Whittaker hat ein Buch geschrieben, dessen Titel mir aus der Seele spricht: *What You Think of Me Is None of My*

Business (etwa: »Was du von mir hältst, geht mich nichts an«.) Das sehe ich auch so. Mein Ruf ist mir egal. Mein Ansehen interessiert mich nicht. Es liegt ganz bei den Leuten und gehört nicht zu mir. Da mag ich in der Carnegie Hall auftreten oder mit Freunden zusammensitzen – was andere über mich denken, sagt immer nur etwas über sie selbst.

Ich bin oftmals in der spätabendlichen Fernsehsendung »The Tonight Show« aufgetreten und habe immer Kommentare von Zuschauern erhalten. Wenn ich irgendeine witzige Bemerkung machte oder einen Witz erzählte, fühlten sich fünfzig Leute bemüßigt, mir zu schreiben. Manche sagten: »Das war wirklich komisch, wirklich toll, ich finde, Sie haben das großartig gemacht.« Andere meinten: »Wie können Sie solche Witze reißen? So was ist überhaupt nicht komisch.« Und von wieder anderen bekam ich zu hören: »Ich finde, so etwas gehört sich nicht. Das ist einfach schlechter Geschmack.« So unterschiedlich diese Briefe waren, es ging immer um mein Ansehen, und kein einziger hatte wirklich etwas mit mir zu tun. Ich erzähle einen Witz. Was die Zuschauer tun, geht mich nichts an.

Ich habe gelernt, mir keine Gedanken um meinen Ruf zu machen und mich stattdessen mehr um meinen Charakter zu kümmern. Der gehört wirklich zu mir, für ihn bin ich verantwortlich. Ich habe es nicht in der Hand, wie andere mich wahrnehmen, denn da geht es um ihre Meinung, und die steht ihnen zu. Darauf habe ich keinen Einfluss. Aber auf meinen Charakter habe ich sehr wohl Einfluss, denn der hat mit meinen Gedanken und mit meiner Liebe zu tun und nichts mit dem, was andere von mir halten, nichts mit meinem Ansehen.

Einmal bekam ich am gleichen Tag zwei Leserbriefe zu einem meiner Bücher. In dem einen Brief schrieb ein Mann, es sei das tollste Buch, das er je gelesen habe, und sein Leben habe sich dadurch vollkommen verwandelt. Er bedankte sich bei mir für die Veränderungen, die sich durch die Lektüre in seinem Leben ergeben hatten. Der zweite Brief stammte von jemandem, der das Buch so schlecht fand, dass er sein Geld zurückhaben wollte. Ich kopierte beide Briefe und schickte den lobenden an den Kritiker und den kritischen an den anderen, der so begeistert war. Auf beide Kopien schrieb ich: »Sie könnten recht haben«, und unterschrieb. An solchen Beispielen kann man ablesen, wie unsinnig es ist, sich von dem vereinnahmen zu lassen, was andere Leute denken. Die Gedanken anderer sind einfach die Gedanken anderer, und wenn du dich davon umtreiben lässt, kannst du nicht mit wahrem Erfolg rechnen.

Versteckte Chancen

Stelle dir vor, du suchst bei einem anderen Rat, und dann funktioniert der Ratschlag nicht. Anstatt jetzt enttäuscht zu sein und Schuldzuweisungen zu machen, solltest du lieber umdenken und selbst die Verantwortung für deine Entscheidung übernehmen. Angenommen, mein Anlageberater rät mir zum Kauf bestimmter Aktien, und diese Aktien gehen dann in den Keller. Der Rat des anderen hat mich keineswegs dazu gezwungen, diese Aktien zu kaufen, es war meine eigene Entscheidung. Ich habe mir angehört, was er zu sagen hatte, und mich dann anschließend selbst entschieden: »Ich hätte wirklich gern das schnelle Geld mit diesen Aktien. Er sagt, dass sie steigen werden, und ich glaube ihm. Also kaufe ich, und das ist meine eigene Entscheidung.« Ich kann es ihm nicht anlasten, wenn die Aktien fallen. Vielleicht suche ich mir dann einen anderen Berater, aber für meinen Verlust fühle ich mich selbst verantwortlich.

In allem, was nach herkömmlicher Anschauung schiefgeht, Misserfolg oder Verlust, versteckt sich die Chance, einen neuen Ansatz zu finden. Alle Lösungen sind im Problem bereits angelegt. Die Kur liegt in der Krankheit: Eine Erkältung bietet die Gelegenheit, dieses Virus zu überwinden. Im Alkoholismus ist bereits die Möglichkeit angelegt, etwas hinter dir zu lassen, was dich bisher beherrscht hat. Deshalb feiern manche ehemaligen Alkoholiker ihre Trunksucht geradezu und sagen: »Sie war das Beste, was mir passieren konnte. Ich habe Hilfe gesucht, und das hat mir das Leben gerettet.«

Du solltest also den Menschen oder Umständen besonders dankbar sein, die dir im Leben die größten Schwierigkeiten bereitet haben, denn sie haben dich gezwungen, dir einmal vor Augen zu führen, was mit dir los ist. Die Dinge, denen du dich stellst, beherrschen dich nicht; du setzt dich mit ihnen auseinander, und dann folgst du weiter deinem Weg. Beherrscht wirst du vielmehr von dem, was du wegschiebst. Ich denke dabei zum Beispiel an Übergewichtige, die ihr zwanghaftes Essverhalten nicht wahrhaben wollen. Ich denke an Arbeitsbesessene, die sich nicht eingestehen mögen, dass sie zu viel arbeiten. Ich denke an Menschen in Beziehungen, die sich mit den Schwierigkeiten in ihrer Beziehung nicht auseinandersetzen wollen.

Wenn du in einer Beziehung nicht Nein sagen kannst, wirst du irgendwann zu der Beziehung selbst Nein sagen müssen. Damit will ich sagen, dass du Grenzen ziehen musst, auch gegenüber den Menschen, die dir am meisten bedeuten, also gegenüber deinem Ehepartner, deinen Kindern, deinen übrigen Angehörigen, deinen Freunden und so weiter. Mach ihnen deutlich, dass du deinen eigenen Weg gehen und Nein sagen musst, wenn jemand möchte, dass du anders sein sollst, als du bist beziehungsweise als es dein Weg zur Erleuchtung von dir verlangt. Du musst in solchen Fällen ganz deutlich werden: »Nein, ich kann mich nicht von dir verbiegen lassen oder dir zu Diensten sein. Ich kann mir nicht von dir vorschreiben lassen, wann ich wo sein und was ich denken soll.« Ob du es glaubst oder nicht, so etwas untergräbt eine Beziehung nicht, sondern macht sie stärker.

So ein Nein verlangt uns einiges ab. Du kannst es liebevoll und mit Respekt aussprechen, dabei aber auch so bestimmt sein, dass es glaubwürdig ist. Sag nicht: »Du versuchst mich herumzuschubsen«, sondern betone stattdessen das, worum es dir geht: »Ich muss dir sagen, dass ich nicht tun werde, was du von mir möchtest, einfach, weil ich nicht anders ein kann, als ich bin.« Dann wird die Beziehung wachsen und florieren, und du wirst sie nicht als solche in Frage stellen müssen. Noch einmal: Nur das hat einen negativen Einfluss auf dein Leben, was du in der Hoffnung, dass es von selbst vergeht, vor dir herschiebst. All das kommt in Ordnung, wenn du Stellung beziehst und deine Grenzen deutlich machst. Gegenüber nahestehenden Menschen ebenso wie in allen anderen Begegnungen.

Angenommen, du wirst von einem Verkäufer schlecht behandelt. Auch in einer solchen Beziehung kannst du Nein sagen: »Nein, so geht das nicht. Sie machen Ihre Sache bestimmt gut, aber so können Sie nicht mit mir reden. Die Rückerstattung steht mir zu, und ich werde sie auch bekommen« – oder worum auch immer es gehen mag. Du brauchst nicht schnaubend das Weite zu suchen und dein Anliegen abzuschreiben. Du musst dich mit Bestimmtheit und Überzeugung äußern, mit der Liebe, die du *bist*.

Was in dir vorgeht, ist durch deine Gedanken bestimmt. Deshalb musst du dich darauf trainieren, bei allen Begegnungen mit positiven Ergebnissen zu rechnen. Wenn jemand dann eine andere Meinung hat als du, kannst du mit dem reagieren, was du in dir hast, und das ist immer Liebe.

Was du nicht hast, kannst du auch nicht verschenken. Wenn du dich selbst nicht liebst, kannst du auch mit anderen nicht liebevoll umgehen. Selbstliebe ist das Entscheidende und hat natürlich nichts mit Selbstgefälligkeit zu tun. Das wird von vielen verwechselt. Sie meinen, wer sich selbst liebt, müsse auch eingebildet sein. Aber diese Einbildung ist wieder nur das alte Heischen nach Beifall. Wenn du andere dazu bringen musst, dich großartig zu finden, gibst du ihnen eigentlich Macht über dich. Du gibst deine eigene Macht ab, damit andere dich mögen, und das hat nicht das Geringste mit Selbstliebe zu tun.

Ein unbegrenzter Mensch liebt sich selbst, ohne dabei dick aufzutragen. Fragt man ihn, ob er sich selbst liebt, antwortet er: »Natürlich, was denn sonst?« Die Selbstliebe ist bereits gegeben, und so ist nur diese Antwort möglich. Solche Menschen stehen so fest im Dasein und sind so intensiv mit den Dingen beschäftigt, für die sie hier sind, dass sie nicht einmal mitbekommen, was irgendwer über sie sagt. Ganz bestimmt machen sie niemanden für irgendetwas in ihrem Leben verantwortlich, einfach, weil sie nur auf ihre eigenen inneren Signale achten, die immer aus der Liebe kommen.

Liebevolle Vernetzung

Denk immer daran, dass die universale Kraft der Liebe für jeden Einzelnen von uns immer da ist. Das gilt ausnahmslos, einerlei, wer du bist, wo du bist und unter welchen Umständen du lebst – sei es in einer Villa, sei es im Gefängnis oder auch ganz ohne Dach über dem Kopf. Du bist göttlich. Du bist ein Teil der Göttlichkeit und Vollkommenheit des Universums. Wenn du auch nur den Versuch unternimmst, dir dessen bewusst zu werden und es zu nutzen, wirst du große Veränderungen erleben, da bin ich ganz sicher. Ich kann dir natürlich nichts versprechen. Aber was ich über Leute höre, die den Weg der Liebe gehen, ist immer das Gleiche: Probleme, die sie vorher hatten, sind nicht mehr da.

Was würde passieren, wenn wir die universale Kraft der Liebe ins Geschäftsleben einbringen könnten? Gegenwärtig ist es ja so, dass der Machtaufbau vertikal strukturiert ist. Es fängt ganz oben mit dem Vorstandsvorsitzenden an und setzt sich über die verschiedenen Stufen der Geschäftsführung nach unten fort, dann über das mittlere Management bis schließlich hinunter zu den Angestellten und Praktikanten. Es geht immer darum, so viel Macht wie möglich zu bekommen, und alle sammeln immer mehr davon, um auf der Leiter der Macht immer weiter nach oben zu steigen und es schließlich bis an die Spitze zu schaffen. Es gibt aber noch eine andere Organisationsdynamik im Universum, und die nennen wir *Vernetzung*. Darin geht es um Liebe. Hier sind die Einzelnen nicht darauf aus, immer mehr Macht anzuhäufen, sondern sie geben sie ab, denn alle wollen das Gleiche, nämlich *alle* an diesem Netzwerk Beteiligten unterstützen. Niemand möchte Macht für sich persönlich. Würde man jemandem Macht anbieten, würden er dankend ablehnen und sie weitergeben.

Vernetzungen können sehr viel bewegen. Niemand behält Ideen für sich, sondern jeder lässt andere daran teilhaben, die sie an wieder andere weiterreichen, und immer so weiter. Diese Art der Verbreitung von Ideen wirkt sich auf die ganze Welt aus. Also vernetz dich, und zwar am besten ständig und mit allen. Dann brauchst du keine Macht mehr, um andere für dich arbeiten zu lassen, und vertikale Machtstrukturen werden grundsätzlich überflüssig. Du siehst alle als gleich und in gleicher Weise fähig, ihren Beitrag zu leisten. Ich halte es so.

Wenn ich ein Buch schreibe, geschieht es mit diesem Gefühl der Vernetzung. Ich tu es nie für Geld, ich liebe es einfach, im Leben der Menschen etwas zu bewirken. Wenn ich von einer Firma oder Organisation als Sprecher eingeladen werde, frage ich immer: »Wird das aufgezeichnet?« Es entsteht dann gern eine gewisse Verlegenheit, und sie drucksen herum: »Das war eigentlich geplant, aber die Kosten, wissen Sie …« Ich sage:

»Dann machen Sie doch einfach eine Tonbandaufnahme, die Sie anschließend allen Beteiligten als Schulungsmittel zugänglich machen. Das muss ja keine großartige Produktion sein, und die Kosten gehen gegen null.« Ich denke bei allem immer nur daran, wie toll es ist, sich zu vernetzen. Wenn du wirklich aus deiner Mitte heraus über etwas sprichst, was gut und auch schön ist und den Menschen zu einem besseren Leben verhilft, möchtest du natürlich, dass es möglichst viele hören.

Jeder gewinnt dabei. Ich stelle mir immer vor, dass jemand sich die Aufzeichnung anhört, sie an den Nächsten weitergibt und der vielleicht denkt: »He, das ist ja richtig gut. Ich glaube, ich besorge mir seine Bücher.« Darauf lege ich es nicht an, aber ich erlebe immer wieder, dass die Dinge zehnfach zu mir zurückkommen. Jeder muss sich seinen Lebensunterhalt verdienen, daran ist nichts auszusetzen. Jeder an der Produktion meiner Erzeugnisse Beteiligte, vom Lektorat bis zur Marketingabteilung, von den Gestaltern bis zu den Packern und schließlich den Verkäufern im Buchladen, hat etwas davon. Aber zugleich sind sie auch alle an der großen Vernetzung beteiligt und sorgen mit der Produktion und Verbreitung meiner Bücher und sonstigen Medien für Verbesserungen im Leben dieses oder jenes Käufers, der dann wieder anderen davon erzählt, und so geht es immer weiter.

So funktioniert Vernetzung. Du denkst nicht an dich, du verschenkst alles, und je mehr du gibst, desto mehr bekommst du zurück. Ganz wichtig: Wenn du nur gibst, um etwas zu bekommen, wirst du nie genug haben. Du wirst immer noch mehr haben wollen, weil du dich nicht vom Mangelbewusstsein lösen kannst. Nimmst du jedoch dankbar zur Kenntnis, dass du bereits genug hast, wirst du erleben, dass immer noch mehr zu dir kommt.

Und das ist es eigentlich, was wir Erleuchtung oder höheres Bewusstsein nennen: »Ich habe genug. Ich habe alles, was ich brauche, um vollkommen in Frieden und glücklich zu sein. Was darüber hinaus noch zu mir findet, ist einfach Zugabe.« So sieht Vernetzung aus, und du kannst jederzeit und überall dieses liebevolle Netzwerk fortsetzen.

Dein Wert

Dein Wert hängt nicht von deinen Leistungen ab. Wenn du gewinnen musst, um dich wertvoll zu fühlen, muss dafür ja ein anderer verlieren. Aber von dem hängt auch ab, ob du gewinnst oder verlierst. Wenn er dein Spiel nicht mitspielt, bist du eben der Verlierer.

Wenn du ständig nach links und rechts schielst, um dich deines Werts zu versichern, machst du dich davon abhängig, dass andere weniger verdienen als du oder weniger Kunden haben. Diese Orientierung nach außen beherrscht dann dein ganzes Leben. Wenn ein anderer einen Abschluss mehr tätigt als du, bist du dann ein Loser? Nein.

Du bist, was du zu sein glaubst. Dein Wert hängt ausschließlich von dem ab, was du denkst, und du bist in der Lage, so zu denken, wie du möchtest. Es liegt ganz bei dir. Niemand kann dir das nehmen. Du kannst immer denken, was du willst und wie du willst. Lass dich also nicht mehr von außen bestimmen, sondern mach dich daran, nur noch auf dich selbst zu hören. Das ist natürlich etwas anderes, als andere zu übergehen oder schlecht zu behandeln oder ihnen Schlechtes zu wünschen.

Das Wichtigste, was es im Leben zu lernen gilt, ist die Wertschätzung deiner selbst. Mach dir klar, dass du sowohl einzigartig als auch ein Teil des Universums bist. Letzteres bedeutet, dass wir alle irgendwie miteinander verbunden, ja verwandt sind – wenn einer von uns hungert, hungern wir alle. Dennoch bist du etwas Besonderes in dieser Welt, und diese scheinbare Zweiheit gilt es miteinander zu verschmelzen. Sag dir also: »Ich bin sowohl Mann als auch Frau, deshalb brauche ich mir nicht den Kopf darüber zu zerbrechen, ob das, was ich tue, etwas Weibliches oder etwas Männliches ist. Auch als Mann kann ich sanft sein, ich kann weinen. Auch wenn ich das, was ich glaube, für richtig halte, habe ich trotzdem Raum in mir für andere Meinungen, und vielleicht ändere ich meine eigene Meinung sogar. Ich bin unverwechselbar und fühle mich doch als Teil der Menschheit.«

Niemand hat je genauso gedacht, wie du es gerade tust. Niemand anderes nimmt den Raum ein, den du einnimmst. Versuche zu erfassen, dass du in diesem Sinne allein bist, aber es keinen Grund gibt, dieses Alleinsein als bedrückend zu empfinden. Kein anderer schaut mit deinen Augen, kein anderer fühlt und erlebt jemals das, was du erlebst. In einem Raum voller Leute bist du doch allein. In der Liebesvereinigung mit dem Menschen, der dir mehr bedeutet als jeder andere, bist du allein. Du erlebst alles auf deine ganz eigene Art. Niemand kann sich selbst oder das Universum verstehen, niemand kann wissen, was es heißt, ein unbegrenzter Mensch zu sein, solange er nicht inneren Frieden gefunden hat, und der lässt sich nicht beschaffen, du kannst ihn nur in deinem Inneren fühlen. Der Sinn für deine Einzigartigkeit und die wache Bereitschaft, deine inneren Signale zu empfangen, werden dir den Weg zu echtem und dauerhaftem Erfolg weisen.

Tagebuchübung

Was hast du bisher unter Erfolg verstanden? War es ein schönes Haus, ein stattliches Einkommen, haufenweise Designerklamotten? War es für dich ein Erfolg, wenn du als Erster das neueste Gadget in den Händen hattest? Notier das alles in deinem Tagebuch, und dann nimm dir ein paar Minuten Zeit, um dir eine neue Art von Erfolg auszumalen, der seine Impulse von innen und nicht von außen bekommt. Wie wäre es, wenn du nicht wie dieses Kätzchen wärst, das seinem Schwanz nachjagt? Schreib auch das auf und schau zu, welche Version wirklich etwas in dir zum Klingen bringt.

6

Sei kein Schwarzmaler

Vor einiger Zeit wurde bei einem guten Freund eine für sein Alter schwere Krebserkrankung festgestellt. Nachdem der Arzt ihm die Diagnose eröffnet hatte, sagte er: »Sie haben jetzt fünfzehn Sekunden Zeit, um zu entscheiden, ob dieser Krebs Sie besiegt oder Sie den Krebs besiegen. Fünfzehn Sekunden. Wenn Sie sich sagen, dass es nicht möglich ist, dass Sie es nicht schaffen und dass es auch unfair ist; wenn Sie sich total aufregen und denken, so etwas dürfe überhaupt nicht passieren und schon gar nicht Ihnen, werden Sie wahrscheinlich das nächste Opfer sein.

Sollten Sie aber irgendwie in sich die Vorstellung entwickeln können, dass Sie etwas unternehmen können und dass es vielleicht einfach die größte Prüfung in Ihrem Leben ist, dann haben Sie eine reale Chance, die Sache zu überwinden.«

Mein Freund kam augenblicklich zu dem Entschluss, den Krebs zu besiegen, und genau das tat er dann auch. Immer wenn ich mich an diese bewegende Geschichte erinnere, fällt mir wieder ein, dass wir alle zu unglaublichen Dingen in der Lage sind.

Das Gehirn ist ein ganz erstaunliches Instrument. Dieses Ding, das wir da zwischen den Ohren tragen, ist mit seinen Billionen Zellen zu wirklich ungeheuren Dingen fähig. Es trifft Abermilliarden kleine und große Entscheidungen und vermag Fakten und Erlebnisse ein Leben lang zu speichern. Es kann lernen, wie man rechnet, und sich immer wieder daran erinnern, es kann mehrere Sprachen lernen und vermag so gut wie alles, was wir ihm auftragen. Jemand hat mal berechnet, wie viel Platz nötig wäre für einen Computer, der alle Fähigkeiten des menschlichen Gehirns beherrscht: Man würde ein Gelände von der Größe des Bundesstaates Texas brauchen, um eine solche Maschine unterzubringen. Wissen Sie, wie groß Texas ist? Wenn Sie mit gut hundert Stundenkilometern unterwegs sind, brauchen Sie einen vollen Tag, um das Land zu durchqueren. Das ist wirklich eine ziemliche Fläche. Das verschafft uns einen Eindruck von der Leistungsfähigkeit des menschlichen Gehirns.

Du hast da einen fantastischen Computer, aber wie viel von ihm benutzt du? Um beim Bild zu bleiben, vielleicht gerade mal ein Stadtviertel von El Paso. Und zollst du ihm Anerkennung für alles, was er leistet? Er kann letztlich alles. Alles ist da in diesem Computer, und du benutzt ihn nur zu einem sehr geringen Teil. Höchste Zeit, das zu ändern.

Ich frage mich oft, weshalb so viele Menschen die in ihnen angelegte Größe nicht leben, sondern sich vom Alltag schier erdrücken lassen. Vermutlich hat das etwas mit der Faszination des Negativen zu tun, die viele Menschen überwiegend auf das starren lässt, was einen runterziehen kann. Ich habe es immer mehr mit dem Gegenteil gehalten, zum Beispiel habe ich noch nie darüber nachgedacht, was wäre, wenn ich mal keine Arbeit hätte. Ich habe in meiner Familie viele Geschichten über die Weltwirtschaftskrise gehört, und da wurde oft erzählt, wie schwer man es in dieser Zeit hatte und wie es dann doch gelang, sich irgendwie durchzuschlagen. Im Laufe der Jahre haben viele Menschen mich davon zu überzeugen versucht, dass wir in unseren Möglichkeiten sehr beschränkt sind, aber ich glaube das nicht, ich blicke lieber auf das, was wir alles können.

Die wirklich erstaunlichen Menschen, die ich in meinem Leben kennengelernt habe, waren allesamt bedingungslose Optimisten; sie liebten die Welt und alles in ihr. Wir können lernen, die Möglichkeiten unseres Gehirns besser auszuschöpfen, und genauso können wir lernen, so gut wie alles im Leben zu bejahen.

Eintüter versus Zweitüter

Als junger Mann habe ich jahrelang als Einpacker an der Supermarktkasse gearbeitet. Noch heute schaue ich diesen Leuten gern zu, wenn ich selbst eingekauft habe und anstehe. Unweigerlich sehe ich dann den »Eintüter«, wie ich ihn gern nenne. Er zieht die Tüte bedächtig auf, nimmt eine Dose Erbsen, schaut sie kurz an und stellt sie in die Tüte. Das geschieht so langsam, dass ein Warenstau entsteht und die Kassiererin ihre Arbeit unterbrechen muss, um dem jungen Mann bei seiner Arbeit zu helfen. Er macht fast den Eindruck, dass er die Verzögerung genießt. Oder er ist einfach gleichgültig. Er arbeitet in seinem gemächlichen Tempo, und alles andere ist ihm einerlei. Das scheint seine Grundhaltung gegenüber dem Leben zu sein.

Dann schau ich zu dem anderen Einpacker hinüber, den ich »Zweitüter« nenne. Den Namen verdankt er dem Umstand, dass er an zwei Kassen einpackt. Flink packt er überall an, und dabei plaudert er auch noch munter mit den Kunden. Alles geht ganz schnell und mit sicheren Griffen, er zerbricht die Eier nicht, und das Brot verlässt seine Hände ohne Druckstellen. Schon ist die Tüte voll, und er stellt sie dem Kunden in seinen Einkaufswagen, versorgt ebenso schnell den nächsten Kunden an der anderen Kasse und ist auch schon wieder zurück, um für den übernächsten Kunden da zu sein. Es ist, als wollte er unbedingt sehen, was er alles schaffen kann.

Ich war immer ein Zweitüter und bin es bis heute. Das geht so weit, dass ich niemanden an meine Einkäufe lasse. Ich will die Sachen auf meine Art packen, und zwar sofort. Ich will nicht dastehen und abwarten, bis jemand sein Leben so weit geklärt hat, dass er sich endlich meinen Einkäufen widmen kann. Seinerzeit habe ich mich selbst als Einpackweltmeister gesehen, und es war wirklich so, dass keine zwei Kassen mich auslasten konnten. Manchmal habe ich die schnellsten Kassiererinnen regelrecht zum Wettkampf herausgefordert und gesagt: »Ich arbeite den ganzen Tag für die drei schnellsten Kassen und kann euch garantieren, dass kein Kunde auch nur eine Tüte in die Hand nehmen muss.«

Ich sehe förmlich vor mir, was der erste Einpacker für ein Leben vor sich hat. Er wird sein Leben lang Eintüter bleiben und sich selbst im Weg stehen. Er wird immer Einpacker bleiben oder irgendetwas Ähnliches tun, und wenn er abends nach Hause kommt, wird er seiner Frau erzählen, was für ein elender Tag das war und dass man ihn bei den anstehenden Beförderungen wieder übergangen hat und dass der Marktleiter ihn nicht mag und dass er nicht wie alle anderen mehr Geld bekommt und dass überhaupt alle gegen ihn sind und wie unfair das ist und was sie sich überhaupt einbilden, ihn so zu behandeln! Er wird unglaublich unzufrieden sein und immer genau wissen, dass er recht hat.

Er wird auch recht behalten, denn er redet sich ständig ein: »Weil alle so sind, wie sie sind, und die Umstände so sind, wie sie sind, kann ich nur so sein, wie ich bin. Mit mir und meiner Einstellung zum Job und meinem Verhalten hat das nichts zu tun. Da ist eine Verschwörung im Gange, die mich nicht weiterkommen lässt. Sie wollen einfach nicht, dass ich es schaffe.« Leider ändern sich Eintüter in aller Regel nicht. Meist kommen sie nicht darauf, wie sie erwachsener auf das Leben reagieren können, um dann andere und bessere Entscheidungen zu treffen.

Zweitüter dagegen werden wahrscheinlich irgendwann selbst Inhaber einer Supermarktkette sein. Auf jeden Fall lassen sie sich niemals unterkriegen. Bei ihnen ist die Aufbau-Mentalität so stark, dass sie immer wieder etwas Neues versuchen. Arbeitslosigkeit existiert für sie einfach nicht. Einerlei, was mit der Wirtschaft insgesamt los ist, nicht zu arbeiten kommt für sie nicht in Frage. Wird ein Zweitüter aus irgendeinem Grund entlassen, bewirbt er sich um hundert neue Jobs, und wenn er hundert Absagen bekommt, schreibt er hundert weitere Bewerbungen, und das tut er so lange, bis er die Stellung hat, die ihm vorschwebt. Er gehört zu den wenigen Menschen, die sich ihre Chancen selbst schaffen.

Aber worin besteht nun eigentlich der Unterschied zwischen diesen beiden Typen von Einpackern? Vielen bleibt das rätselhaft, schließlich haben wir hier zwei Leute, die unter den gleichen Umständen arbeiten: der gleiche Lohn, dieselbe Anzahl Kaffeepausen, die gleiche Altersstufe und ungefähr der gleiche Werdegang. Wie also lässt sich erklären, dass der eine ein Eintüter und der andere ein Zweitüter ist? Woher kommt das? Ist es eine Frage der Begabung, der Bildung, der ungleichen Chancenverteilung? Nein, daran liegt es nicht, und an dem, worauf die Sozialwissenschaftler immer schauen, liegt es auch nicht.

Der Unterschied hat etwas mit Ausdauer, mit Antrieb und mit Selbstachtung zu tun – wenn einer die besitzt, ist es egal, was er tut. Bei Zweitütern ist es einfach so, dass sie ihre Motivation von innen beziehen und aus heiterer Gelassenheit heraus agieren.

Sicher, wenn du einen netten Job hast, mit dem du deinen Lebensunterhalt verdienen und eine Familie ernähren kannst, ist das eine schöne Sache, aber all das verschafft dir nicht unbedingt inneren Frieden. Wenn du Frieden in dem zu finden versuchst, was andere tun, deine Kinder eingeschlossen, oder auch darin, dass du tust, was von dir erwartet wird, etwa für finanzielle Polster zu sorgen, suchst du immer außerhalb deiner selbst nach Zufriedenheit und Erfüllung. Und dabei wird es auch bleiben, solange du den Blick nicht nach innen wendest.

Wenn du nicht nur zurechtkommen, sondern ein leichteres und angenehmeres Leben möchtest, wirst du ganz neue Regeln brauchen. Nach den alten Regeln sollst du dein Glück im Außen suchen, du sollst es anderen recht machen und das tun, was sie dir sagen. Aber wer sich inneren Frieden wünscht, muss genau das Gegenteil tun: mit sich selbst zu Rate gehen und das tun, was man selbst als das Richtige erkennt. Und dabei darfst du nicht zimperlich zu Werke gehen. Du musst ein beherzter Optimist sein.

Verneiner und Bejaher

Pessimisten, die an allem einen Pferdefuß sehen und sich selbst im Wege stehen, fürchten das Unbekannte. Sie trauen sich nicht, irgendetwas anders zu machen als bisher, sie betreten nicht gern Neuland. Sie möchten sich sicher fühlen, sie gehen keine Risiken ein, sie beklagen sich über alles, was nicht mehr so ist, wie es immer war. Neue Ideen erschrecken sie eher, und sie setzen alles daran, beim Vertrauten zu bleiben.

Diese Verneiner sind voller Vorurteile, die meist jeglicher Grundlage entbehren. Wenn sie jemanden nicht kennen, wenn ihnen irgendetwas Neues begegnet, jagt ihnen das Angst ein, und sie weisen es automatisch zurück. Wie gesagt, sie fürchten das Unbekannte. Sie möchten keine neuen Wohnorte ausprobieren, auch wenn dort die beruflichen Aussichten besser sind. Sie wechseln den Beruf nicht, weil das mit zu viel Unsicherheit verbunden ist oder weil sie es sich nicht zutrauen. Um gar nicht erst einen Misserfolg zu riskieren, bleiben sie beim Altbekannten. Das halten sie auch in ihren Beziehungen, im Umgang mit ihren Freunden und sogar beim Restaurantbesuch so. Sie essen immer wieder das Gleiche und in der gleichen Zubereitungsart; eine ungewohnte Küche probieren sie gar nicht erst aus – nicht, weil sie ihnen nicht schmecken würde, sondern weil sie sich von allem Unbekannten lieber fernhalten.

Die meisten Menschen kommen mit dem Unbekannten irgendwie zurecht und lassen sich davon nicht abschrecken oder lähmen. Ändert sich etwas, stellen sie sich darauf ein, und es irritiert sie nicht allzu sehr. Manchmal probieren sie etwas Neues aus, aber ihre Freunde denken im Großen und Ganzen wie sie und verhalten sich ähnlich. Gleichgesinnte sind ihnen am liebsten. Vielleicht spielen sie alle gern Mah-Jongg oder sind Kletterer oder schätzen die gleichen Bücher und Filme.

Es ist natürlich nicht falsch, sich mit Menschen zu umgeben, die ähnliche Interessen haben, nur kommt es leicht dazu, dass man sich sagt: »Meine Freunde sind Leute, mit denen ich einiges gemein habe. Die Leute, mit denen ich befreundet bin, sind so und so.« Ich will das nicht schlechtmachen, sondern vielmehr den Unterschied zwischen Menschen dieser Art und oben beschriebenen Verneinern aufzeigen.

Dann gibt es noch den unbegrenzten Bejaher, dem das Unbekannte willkommen ist. Er findet es so spannend, dass er es sogar sucht. Solche Menschen brauchen keine Programme und Pläne, sie haben nicht viele Zielvorgaben, und es gibt auch nicht viel, was sie im Voraus über bestimmte Abläufe wissen müssen.

Sie sind nicht voreingenommen und deshalb frei von Vorurteilen. Es sind Menschen von aufgeschlossenem Geist.

Der ängstliche Pessimist, der sich selbst im Weg steht, käme nie auf die Idee, eine Fremdsprache zu lernen, und als Grund gibt er an, dass sie an seiner Schule nicht gelehrt wurde. Ihm fällt nicht auf, dass er noch Jahrzehnte vor sich hat, in denen er alles tun kann, was er möchte, auch Fremdsprachen lernen.

Stößt ein erwachter Mensch mit neunzig Jahren auf eine Liste von Fremdsprachenkursen, wird er sagen: »Ich glaube, ich lerne jetzt mal Spanisch. Das kann ich noch gar nicht.« Und dann schreibt er sich ein und versucht etwas ganz Neues. Hier noch eine weitere kleine Geschichte zum Unterschied zwischen diesen beiden Typen. Sie gehen zusammen in ein neues Feinschmeckerlokal. Der Kellner legt ihnen die Speisekarte vor und ergänzt, die Spezialität des Hauses seien Zungensandwiches.

Einer der beiden macht große Augen und sagt: »Zunge? Igitt.« Der andere sagt: »Zunge … das hatte ich auch noch nicht. Bringen Sie mir so ein Zungensandwich.«

Jetzt wieder der Erste: »Bäh, wie kannst du so was bestellen, da wird mir ja schon übel, wenn ich nur daran denke. So was kann ein zivilisierter Mensch doch nicht essen.« Der Kellner sagt: »Ich bringe Ihnen gern etwas anderes. Suchen Sie sich auf der Karte etwas aus.«

»Ja, hier ist was, das ich kenne, Eiersalat-Sandwich. Aber ordentlich Mayonnaise, ja?«

Albert Einstein war ein Mensch, den das Geheimnisvolle lockte und der immer wieder ins Unbekannte aufbrach. Er sagte: »Das Schönste, was wir erleben können, ist das Geheimnisvolle.« Stell dir mal vor, wir würden von diesen sich selbst ausbremsenden Leuten erwarten, dass sie den Fortschritt vorantreiben, bei dem es ja darauf ankommt, sich immer wieder ins Unbekannte vorzuwagen. Im Zeitalter der Entdecker hätte man von ihnen zu hören bekommen: »Nein wirklich, mir macht ihr nichts vor. Kommt gar nicht in Frage, dass ich in so einer Nussschale aufbreche und dann über den Rand der Welt abstürze.« Wo wären wir, wenn es da nicht Leute gegeben hätte, die sagten: »Vielleicht gibt es da gar keinen Rand, also ziehen wir los, sehen wir selbst nach.«

Wenn wir nur das tun, was wir schon immer getan haben, gibt es schlicht und einfach keinen Fortschritt. Solange du am Vertrauten festhältst und so bleiben möchtest, wie du bist, kannst du nicht mit Entwicklung und Wachstum rechnen.

Unbegrenzte Menschen reizt das Unbekannte. Und wie wirst du so einer, der Ja sagt? Mach zum Beispiel einen Ausflug ohne Karte und Navi. Wenn du dann im Hotel nicht unterkommst, such dir ein anderes oder schlaf im Auto oder draußen unterm Sternenzelt. Oder fahr einfach immer nach Westen, an jeder Kreuzung wieder. Vielleicht denkst du, ich hätte nicht alle Tassen im Schrank, aber probier es aus und sag dir immer, dass du da, wo du ankommst, genau richtig bist.

Geh barfuß durch den Park. Oder wie wär's mit Sex am Strand? Mach irgendwas anders als sonst immer. Deinen Urlaub zum Beispiel: Such dir ein anderes Ziel als das, wo du die letzten zwanzig Jahre warst.

Manche meiden das Unbekannte ihr Leben lang. Das mag

ihnen ganz richtig vorkommen, aber Frieden beschert es ihnen nicht. Den finden sie nicht, solange sie nichts Neues ausprobieren.

Motivation muss von innen kommen

Was tut ein unbegrenzter Mensch, wenn er auf eine Party geht und dort feststellt, dass alle sich herausgeputzt haben und er allein in Räuberzivil erscheint? Es fällt ihm nicht einmal auf. Er hat es nicht mit Äußerlichkeiten, es interessiert ihn nicht sonderlich, was andere anhaben oder wie sie aussehen. Man zieht sich etwas an, um mehr geht es da aus seiner Sicht nicht. Man trägt das, wonach einem gerade ist. Natürlich erscheint ein solcher Mensch bei feierlichen Anlässen nicht in Tennisschuhen und Lendenschurz. Das würde ja bedeuten, dass er irgendwie besonders sein möchte – und dann wäre er nach wie vor von außen gesteuert.

Wir reden von innerer Motivation. Unbegrenzte Menschen überlegen beim Ankleiden nicht, was andere wohl sagen oder denken werden – sie kleiden sich so, wie es ihnen gerade richtig erscheint. Sie erschrecken bei einer Einladung nicht, wenn sie als Einzige Jeans tragen oder als Einzige keine tragen, sie fahren nicht schnell noch mal heim, um die Kleidung zu wechseln und dann wie alle anderen auszusehen. Man müsste sie schon darauf hinweisen, sie selbst achten nicht auf so etwas.

Mich haben dergleichen Dinge nie besonders beschäftigt. Ist doch egal, wenn du unter Leuten bist, die alle anders gekleidet sind als du. Mir schmeckt das Essen trotzdem, und mehr ist da nicht zu sagen. Für dieses Leben auf höchster Stufe ist das Nicht-Bemerken geradezu eine Vorbedingung.

Suchst du die Liebe, entgeht sie dir. Glück entwischt dir immer wieder, wenn du auf der Jagd nach ihm bist. Aber Liebe und Glück sind einfach da, wenn du sie *geworden* bist. Du hast sie dann nicht, sondern sie haben dich. Um Selbstliebe und Selbstbejahung wirklich zu verstehen, muss klar sein, dass dein Lebenszweck oder Lebensauftrag nichts ist, was du findest. Er findet vielmehr dich. Dazu ist es wichtig, dass du es für möglich hältst und zuversichtlich bist, dass es geschehen wird: Das muss die Grundhaltung sein, von der du ausgehst. Wenn du ein erleuchteter Mensch sein möchtest, ist das wirklich entscheidend. Wenn du glaubst, dass sich die Dinge fügen, wirst du Chancen erkennen; wenn nicht, wirst du nur Hindernisse sehen.

Ich habe nie geglaubt, dass man nur mit vollem Einsatz arbeiten und eine Menge Geld verdienen muss, um erfolgreich zu sein. Nach meiner Überzeugung läuft es andersherum: Erfolgreiche Menschen verdienen mit allem, was sie anfassen, reichlich Geld, haben viele Freunde und überhaupt alles, was man braucht, weil sie den Erfolg bereits in sich tragen – er ist das, was sie sind.

Tagebuchübung

Notiere in deinem Tagebuch, in welcher Hinsicht oder bei welchen Anlässen du bisher ein Schwarzseher gewesen bist. Was wolltest du immer schon tun, hast dich aber nicht getraut? Jetzt überleg schriftlich, was wäre, wenn du dich nicht mehr abschrecken lassen, sondern deine Herzenswünsche bejahen würdest. Sieh zu, ob du einfach mal losziehen, sie dir zutrauen und an das Gelingen glauben kannst. Versuch, ein Bejaher zu werden!

7

Erleuchtete Vorbilder

Als ich in New York lebte, fuhren wir einmal am Memorial Day (letzter Montag im Mai) an den Strand von Jones Beach Island, eine der der Südseite von Long Island vorgelagerten Barriereinseln. Zu dieser Zeit steigen die Temperaturen dort gern auf über 30 Grad. Um ein Bild davon zu bekommen, wie unbegrenzte Menschen aussehen, brauchte man nur den Kindern am Strand zuzuschauen, die den ganzen Winter mehr oder weniger ausschließlich im Haus eingeschlossen waren. Sie wussten, dass es kein anderes Wasser zum Spielen gab als das, was hier gerade an den Strand rauschte. Wenn sie das nicht nutzten, würde ihnen wieder nur die heimische Badewanne bleiben.

Die Eltern dagegen dachten sorgenvoll an die Temperatur des Wassers. Sie erinnerten sich daran, dass es hier vor einem Monat noch Eis gab, und folgerten, dass das Wasser jetzt entsprechend kalt war. Diese Sorge trieb sie wirklich um, obwohl es draußen fast 30 Grad warm war. Nebenbei richtete man sich am Strand ein, bereitete das Picknick vor und so weiter. Die

Kinder rannten einfach schnurstracks ins Wasser und schienen nicht einmal zu bemerken, dass es kalt war. Es machte ihnen auch überhaupt nichts aus, dass die Lippen nach einiger Zeit ein bisschen blau anliefen. Sie waren am Strand und im Wasser, und es war einfach herrlich. Sie hatten vorher auch nicht darüber nachgedacht, dass der erste Wasserkontakt sicher furchtbar sein würde, sie machten sich keine Kältegedanken. Sie tobten sich aus, und alles war einfach nur toll.

Ähnlich hätte es den Erwachsenen eigentlich auch gehen sollen, aber sie saßen nur herum und konnten sich nicht genug über die Kinder wundern, die bereits ins Wasser gingen, obwohl es noch Mai war. »Ist das nicht verrückt?« Aber wer ist da verrückt? Die Kinder waren frei und einfach nur total begeistert, ihre Eltern hingegen waren so völlig im Gewohnten gefangen, dass sie den Tag und diesen Augenblick mit seinen ganz besonderen Umständen gar nicht richtig genießen konnten.

Kinder wissen instinktiv um die Kraft einer positiven Einstellung. Sie wissen, dass sie ein schöner Tag am Strand erwartet, wenn *sie* ihn erwarten. Diesen Geist der unverdorbenen, kreativen, lebendigen, von allem begeisterten Kindlichkeit kannst du auch heute noch spüren, wenn du einfach das kleine Mädchen oder den kleinen Jungen in dir herauslockst.

Für eine glückliche Kindheit ist es nie zu spät

Das innere Kind herauslassen, das ist ein Gedanke, der sich für manche unbehaglich anfühlt. Wenn du keine sonderlich glückliche Kindheit hattest, hilft es vielleicht, dir vor Augen zu führen, dass das Ich-Gefühl auch in jungen Jahren schon die Führung übernimmt. Jetzt jedenfalls bist du erwachsen, und es wird Zeit, deine Eltern nicht länger für all das verantwortlich zu machen, was du damals nicht durftest und was du später nicht aus dir machen konntest. Ich habe viele Jahre als Lehrer gearbeitet und weiß, dass du niemandem etwas über englische Literatur oder Algebra beibringen kannst, der sich dagegen wehrt. So ist es auch mit der Kindheit: Niemand kann sie dir wegnehmen, es sei denn durch schiere Gewalt oder Missbrauch. Aber das ist ein völlig anderes Thema, das nicht in unseren Zusammenhang gehört.

Wenn du meinst, deine Eltern hätten dir in deiner Kindheit nicht zugestanden, das zu tun, was du wolltest, wird es jetzt Zeit, mündig oder erwachsen zu reagieren. Zu meinen Klienten habe ich immer gesagt: »Damals wussten Sie nicht, wie Sie mit Ihrem Vater umgehen sollten. Sie wussten auch nicht, wie Sie das, was Ihnen nach Ihrer Auffassung zustand, von Ihrer Mutter oder von Ihren Großeltern oder anderen bekommen konnten. Sie waren klein, und die anderen waren groß und gaben die Regeln vor und so weiter. Jetzt wird es für Sie Zeit, sich selbst für Ihre Reaktionen auf Ihre Eltern verantwortlich zu fühlen.«

Aber die meisten Menschen suchen lieber Schuldige. Sie gehen zu Therapeuten, sie reden mit Freunden und können immer Gründe dafür benennen, dass die Dinge für sie nicht so gut laufen. Ich konnte bei der Zusammenarbeit mit Klienten beobachten, dass so gut wie alle lieber Ausreden suchten, als sich selbst für ihr eigenes Leben zuständig zu fühlen. Deshalb habe ich immer wieder gesagt: »Auch als Kind haben Sie bereits Beschlüsse gefasst. Wenn fünfzig Schüler mit ein und demselben Lehrer zu tun hatten, gab es immer ein paar, die anders auf diesen Lehrer reagierten als die übrigen. Unter den Kids waren immer einige, die es irgendwie heraushatten, sich nicht manipulieren oder herumschubsen zu lassen, und die sich auch nicht als Opfer fühlten, sondern ganz einfach für das einstanden, was sie glaubten und für richtig hielten. Das hätte allen anderen auch freigestanden. Sie wussten damals vielleicht nicht, wie sie anders hätten reagieren können, oder vielleicht hatten sie Angst, und niemand hat ihnen Mut gemacht, für sich einzustehen. Was es auch war, letztlich geht es um dies: für sich selbst die Verantwortung zu übernehmen und ein Leben lang dabei zu bleiben.

Ich kenne viele Familien mit etlichen Kindern, und manche dieser Kinder haben es einfach drauf, sich unter allen Umständen eine glückliche Kindheit zu sichern. Sie erblühen auch unter Umständen, die andere als bedrückend oder sogar als Unterdrückung empfinden. Ich selbst bin mit dieser Thematik gut vertraut, da ich einen Großteil meiner Kindheit in Heimen und Waisenhäusern verbracht habe und meinem Vater nie begegnet bin. Aber ich ließ mich einfach nicht unterkriegen, und ich hatte ein sehr schönes Leben. Es ist aber nichts Besonderes an mir, jeder kann aufhören, auf seine Vergangenheit zu starren, auf das Kielwasser.

Ich halte es für wichtig, sich sein ganzes Leben noch einmal zu vergegenwärtigen und sich alle seine Reaktionen ganz zu eigen zu machen. Ich will damit nicht sagen, der Einfluss der Eltern sei nebensächlich; er kann von erheblicher Wirkung auf ein Kind sein. Aber diese Rückschau muss frei von Vorwürfen sein, sonst nützt sie dir nichts. Du musst dich beim Blick auf deine Vergangenheit selbst verantwortlich fühlen, nur dann kann sich deine Einstellung so ändern, dass du zu einer wunderbaren Zukunft findest.

Es ist nie zu spät für eine glückliche Kindheit. Wenn deine Kindheit nicht nach deinem Geschmack war, ändere sie jetzt. Du warst nie im Erlebnispark? Kein Problem, es gibt auch heute noch welche. Vielleicht wendest du ein, dass du heute achtundsechzig bist. Falls du also heute als Dreijähriger in den Vergnügungspark möchtest, wird daraus wohl nichts werden. Geh daher lieber in deinem jetzigen Alter hin. Sie stehen dir offen, und den Eintritt kannst du dir sicher leisten. Du kannst alles tun, was du möchtest. Mach dir das klar. Wirklich, das ist wichtig.

Einer meiner Klienten sagte zu mir: »Meine Mutter hat mir nicht erlaubt, Rad zu fahren. Sie ließ mich auch nicht den Hang runterkullern oder mich sonst irgendwie dreckig machen.«

»Ja, verstehe«, sagte ich. »Schauen Sie mal, da drüben ist ein Hügel, und Dreck gibt's da auch, und hier steht gleich ein Fahrrad. Eigentlich können Sie bei mir alles haben, was Ihnen damals gefehlt hat.«

»Ich bin ja nicht hier, damit Sie mir Radfahren beibringen!«

Ich sagte: »Ich will Sie ja nur darauf aufmerksam machen, dass Sie nicht Radfahren können, weil Sie sich nie auf ein Rad gesetzt haben, um das Rumeiern durchzustehen, das mit jedem Lernprozess einhergeht. Schieben Sie Ihrer Mutter nicht länger die Schuld dafür in die Schuhe, dass Sie sich nicht gegen sie durchgesetzt haben. Und jetzt gehen Sie los, um das Verbotene einfach zu tun. Hätte irgendwer mir in meiner Kindheit das Radfahren verboten, wäre es mir nicht in den Sinn gekommen, mich daran zu halten. Sie haben aus irgendeinem Grund gehorcht, und irgendein anderer hat nicht gehorcht und ist einfach aufgestiegen.«

Du bist immer verantwortlich für dein Leben und alles, was du getan oder unterlassen hast. Wenn du anfängst, mündig und erwachsen zu reagieren, brauchst du keine endlosen Therapien, in denen tief geschürft wird, um zu ermitteln, weshalb deine Sauberkeitserziehung derart in die Hose ging oder weshalb deine Mutter deine Schwester bevorzugte und was es noch an Problemen dieser Größenordnung geben mag, die so gern als Begründung dafür angeführt werden, dass man aus seinem Leben nicht das gemacht hat, was einem einst vorschwebte. Du hast überhaupt nichts davon, deine Eltern mit Vorwürfen zu überschütten oder dich mit Sprüchen wie diesen zu beschäftigen: »Sie sind einfach altmodisch«, »Sie hatten lauter Regeln, die ich übernehmen musste«, »Sie waren richtig streng«, »Sie wissen nicht, wie es sich in der Generation lebt, zu der ich gehöre.« Überleg lieber, was du aus dem machen kannst, was du jetzt hast und bist. Wie kannst du verwirklichen, was du im Leben willst, und vielleicht endlich mal ohne diese Zerrissenheit? Bleib nicht bei dem, was du verpasst hast, bleib nicht bei Schuldzuweisungen. Deine Eltern sind, wie sie sind, und das hier ist *dein* Leben.

Bewusste Elternschaft

Wenn du selbst Mutter oder Vater bist und tatkräftige, selbstbewusste Kinder heranziehen möchtest, wie gehst du dann vor? Deine Kinder sollen eine klare Vorstellung davon haben, worum es ihnen im Leben geht, aber du kannst sie darin nur unterstützen, du kannst ihnen die Klärung nicht abnehmen. Wenn du dann zum Beispiel ein paar schlecht gelaunte Teenager im Haus hast, kannst du nichts Besseres für sie tun, als ihnen ein Vorbild für erleuchtetes Verhalten zu bieten. Andere behandeln dich, wie bereits dargestellt, so, wie du es ihnen beibringst. Also zeig dich ihnen unmissverständlich als jemand, der nicht bereit ist, sich von irgendeinem anderen auch nur eine Stunde seines Lebens verderben zu lassen.

Mach ihnen deutlich, dass du immer für sie da bist, wenn sie Hilfe brauchen. Du kannst mit ihnen sprechen, du kannst ihnen erklären, was du tust, aber worum es dir geht, erkennen sie letztlich nur an der Art, wie du lebst, und nicht an dem, was du sagst oder ihnen aufträgst. Das ist ganz entscheidend. Wenn dein Kind mit schlechten Noten nach Hause kommt, genügt das, um dir den Tag zu verderben? Frag dich, wessen Problem das ist. Wenn du dich aufregst, machst du es zu deinem Problem, und weshalb solltest du das tun?

Natürlich sollst du deine Kinder nicht unbeachtet einfach machen lassen, was sie wollen. Du kannst zum Beispiel bestimmte Vergünstigungen restriktiver handhaben. Oder Nachhilfe für sie organisieren. Wichtig ist aber, dass du dich nie zu sehr ereiferst und dann selbst darunter leidest. Du kannst sehr fürsorglich sein, während du ihnen zugleich klarmachst, dass ihr Verhalten wirklich *ihres* ist. Haben sie das verstanden, werden sie sich dafür selbst verantwortlich fühlen und bereit sein, die Konsequenzen zu tragen.

Wenn ich mit Eltern zu tun habe, die sich über die Respektlosigkeit ihrer Kinder beschweren, erkundige ich mich nach ihrem eigenen Verhalten gegenüber ihren Kindern. Da bekomme ich oft zu hören, dass sie ihnen die Pausenbrote herrichten, die Wäsche waschen und so weiter. Wenn dein Kind dir gegenüber patzig ist und du erklärst, dass das zu seiner Selbstfindung gehört, und es weiterhin zu seinem Training oder anderen Terminen chauffierst – welchen Anlass hätte es dann, sein Verhalten zu überdenken?

Eine andere Möglichkeit wäre es, ihm oder ihr zu sagen: »Ich kann dich nicht zu respektvollem Verhalten zwingen oder dir entsprechende Worte in den Mund legen, aber ich sehe keinen Grund, dich auch noch zu belohnen. Wenn du dich weiter so benehmen möchtest, dann ohne mich. Ich bin niemand, den du wie einen Dienstboten behandeln kannst.«

Kinder lernen durch eigenes Tun, nicht durch das, was du für sie tust. Wenn du Kinder hast, die älter als acht Jahre sind, und immer noch die Wäsche für sie machst, musst du dich fragen, weshalb das so ist. Achtjährige sind absolut in der Lage, Waschmaschine und Trockner zu bedienen. Man kann das sehr einfach halten: Du kümmerst dich acht Jahre lang um die Wäsche deiner Kinder, sie übernehmen das dann für die nächsten acht Jahre, und das kann man so abwechseln, solange sie unter einem Dach mit dir leben. Ich finde das sehr sinnvoll.

Immer wenn du dich fragst, was du deinen Kindern schuldig bist, kannst du dir sagen: Es darf nie so weit kommen, dass ich mich zum Sklaven oder zum Opfer mache und auf mein eigenes Leben verzichte. Wirklich schuldig bist du ihnen nur, dass du ein Vorbild bietest, an dem sie erkennen, was ein liebevoller, fürsorglicher Mensch ist, der auf erwachsene Art mit den Dingen seines eigenen Lebens umgeht und dessen Lebenszweck und Auftrag sich nicht auf seine Kinder beschränkt. Wenn deine Kinder das an dir erkennen, werden sie wie von selbst auf diese Linie einschwenken. Ja, halte sie zu Eigenständigkeit an, dann werden sie nicht von dir abhängig. Gleichzeitig gibst du ihnen die Möglichkeit, sich zu erproben und auch mal Fehler zu machen und all das zu tun, was zum gesunden Heranwachsen gehört. Hauptsache, du bietest ihnen nicht das Beispiel eines Menschen, der schlechtes Benehmen einfach über sich ergehen lässt.

Stell dir vor, du bist mit deinem Kind in einem Geschäft und es will plötzlich Kaugummi. Du sagst, dass es jetzt keinen Kaugummi gibt, aber es lässt nicht locker. So geht das hin und her, bis schließlich das große Geschrei losbricht und du nachgibst.

»Na gut«, sagst du, »hier ist Geld, zieh dir einen aus dem Automaten.« Was bringst du deinem Kind damit bei? Wenn du Kaugummi willst, musst du nur ordentlich Krach schlagen. Ist das ein wünschenswerter Lerneffekt?

Jedes Kind der Welt zieht diese Kaugumminummer ab, bei meinen war es auch so. Wenn dann die große Heulszene einsetzte, sagte ich: »He, warte mal. Das wird toll. Komm, wir gehen da rüber, dann haben alle was von der Vorstellung.« Oder so ähnlich. Ich machte damit deutlich, dass ich dieses Verhalten auf keinen Fall unterstützte, es aber auch nicht unterdrückte. Aber klar war auch, dass ich mich nicht einschüchtern, niederbrüllen oder manipulieren ließ.

Wenn deine Kinder keinen Respekt vor dir haben und du trotzdem alles für sie tust, ihnen alle häuslichen Pflichten abnimmst, sie chauffierst und ihnen auch noch ständig Geld zusteckst, sagst du eigentlich nur: »Fahr ruhig weiter Schlitten mit mir. Nur zu.« Ich finde nicht, dass wir das tun sollten.

Ich finde auch nicht, dass wir alle Anstrengungen von unseren Kindern fernhalten sollten. Viele Eltern, die ich kenne, erinnern sich noch gut daran, wie sie sich früher mit kleinen Aushilfsjobs – Rasenmähen, Schneeschaufeln und dergleichen – ein bisschen Geld verdienten. Viele von uns sind auf diese Art an ihre ersten Groschen gekommen, und jetzt haben wir Kinder, die meinen, sie müssten Sportwagen haben und teure Klamotten tragen und jeden kleinen Wunsch erfüllt bekommen und die Eltern räumen dann auch noch hinter ihnen her.

Bei uns gibt es ein altes Sprichwort, das ich sehr mag: »Gib jemandem einen Fisch, und du ernährst ihn einen Tag. Zeig ihm, wie man angelt, und du ernährst ihn ein Leben lang.« Darin steckt im Hinblick auf die Elternrolle viel Wahrheit. Wenn deine Kinder gestandene Menschen werden sollen, kannst du ihnen nicht genau das vorenthalten, was dich zu dem gestandenen Menschen gemacht hat, der du jetzt bist. Lass sie losziehen und arbeiten, und das darf ruhig auch mal ein bisschen mühsam sein. Sie sollen auf ihrem Weg der Erleuchtung ihre ganz eigenen Lernprozesse durchlaufen können.

Wie Selbstwertgefühl entsteht

Von Misserfolg war in diesem Buch schon einige Male die Rede, aber ich möchte noch einmal darauf zurückkommen. Da »Misserfolg« und »Versagen« einfach Urteile sind, kann man sie auch ins Positive wenden. Ich habe viele Misserfolge erlebt, und ich sehe sie als motivierende Kraft. Erfolgreiche Menschen sind bereit, auch mal zu stolpern und hinzufallen. Jedes Mal stehen sie wieder auf, klopfen sich ab und sagen: »Das war wohl nichts. Das lasse ich besser sein.«

Immer wieder fallen mir dabei Thomas Edisons Mühen bei der Erfindung der Glühbirne ein. Nach sicher zehntausend Versuchen konnte er immer noch nicht mit einem kommerziell verwertbaren Produkt aufwarten. Ein Journalist fragte ihn: »Mr Edison, wie fühlt man sich nach zehntausend Misserfolgen? Für einen berühmten Mann wie Sie muss das doch furchtbar sein.«

Er gab zurück: »Ich weiß nicht, wovon Sie reden. Misserfolge? Ich kenne heute zehntausend nicht funktionierende Arten, eine Glühbirne zu bauen. Und Sie, womit kennen Sie sich aus?«

Misserfolg ist nur schlimm, wenn du dein Selbstwertgefühl davon abhängig machst, wenn du sagst: »Weil es mir missglückt ist, bin ich ein Versager.« Es gibt kaum eine bessere Einstellung als die Bereitschaft, buchstäblich alles auszuprobieren. Unbegrenzte Menschen sind so, sie versuchen alles und fürchten nichts. Sie leben nicht nach Regeln. Sie leben nicht nach Brauch oder Tradition, sie halten sich nicht an Vorschriften.

Wenn ich vor Publikum auftrete, ist mein Selbstwertgefühl ungeschmälert. Es kommt aus mir selbst, deshalb spricht man von *Selbst-Wert.* Wenn sie mich mögen, fein. Wenn sie klatschen und lachen und ihren Spaß haben, ist das großartig und ganz bestimmt besser, als wenn sie nur dasäßen. Ich mag Beifall, aber ich brauche ihn nicht. Würde ich ihn brauchen, wäre ich erledigt, wenn ich keinen bekäme. So ist das mit dem Brauchen, nicht wahr? Ich kann dir sagen, was ich brauche: Ich brauche Sauerstoff, und es fällt mir nicht schwer, das zuzugeben. Aber Beifall? Das ist eine äußere Motivation und hat nichts mit dem Ziel zu tun, das ich mit meinem Tun verfolge.

Ich kenne Leute, die vor Publikum sprechen und nur die eine Person wahrnehmen, die nicht klatscht oder lacht. Dann sagen sie sich: »Na bitte, ich wusste doch, dass es nichts wird. Ich hab's einfach nicht drauf.« Was für ein Unsinn! Damit stellst du die Meinung dieses einen, der dich nicht bejubelt, über deinen Wert als Mensch. Was andere von dir halten, betrifft sie und nicht dich.

Von deinem eigenen Wert bist du dann überzeugt, wenn du an deine Integrität, deine Bedeutung, deine Anziehungskraft glaubst. Du musst das nicht ausposaunen, du kannst dich in aller Stille lieben, und dahin kannst du auch deine Kinder führen.

Ich habe ein Buch mit dem Titel *What Do You Really Want for Your Children?* (deutsch: *Das Glück der positiven Erziehung)* geschrieben, weil ich glaube, dass dieser Titel eine sehr wichtige Frage anspricht. Ich wünsche mir für meine Kinder das, was ich mir für alle Kinder dieser Welt wünsche: Ich möchte, dass sie zu Menschen heranwachsen, die wissen, dass sie die Wahl haben, und die diese Wahlfreiheit dann auch ausüben.

Als meine Tochter Tracy in der zweiten Klasse war, kam sie einmal ganz verstört nach Hause und jammerte: »Billy mag mich nicht!«

»Aha«, sagte ich, »dann ist wohl Billy-Tag. So ist er einfach am Dienstag. Und du, magst du dich?«

»Natürlich mag ich mich.«

Ich sagte: »Dann musst du damit auskommen.«

Sie fühlte sich sofort besser. Sie war es gewohnt, dass Daddy so mit ihr sprach.

Andere Eltern würden vielleicht sagen: »Oje, was können wir denn da machen? Vielleicht kannst du ihn mal einladen, und dann darf er mit deinen Spielsachen spielen. Irgendwas wird uns schon einfallen.« Ich fand schon immer, auch ein kleines Kind sollte gar nicht erst das Gefühl bekommen, dass es irgendwie vom Verhalten anderer abhängig ist, und ich denke heute noch so.

Meine Kinder, und ich habe acht, sind nicht mit Streitereien groß geworden. Nichts hat sie je darin bestärkt, Streit als etwas Normales anzusehen, sie wussten von Anfang an, dass es eben nicht normal ist, zu streiten, sich zu ärgern oder sauer auf den anderen zu sein. Wir können lernen, solche Impulse im Zaum zu halten oder gar nicht erst zu haben. Streit und Kummer, Schmerz und Verzweiflung setzen uns stark zu und belasten unser Leben schwer. Heute haben meine Kinder ganz verschiedene Ansichten bei so gut wie allen Themen, aber sie sind alle von Liebe erfüllt, und darauf bin ich stolz.

Die Welt wissen lassen, was in dir vorgeht

Was ich meinen Kindern vermittelt habe, gilt auch für dich: Jede Minute, die du dich über das Verhalten anderer aufregst oder in der du wütend, gekränkt oder verzweifelt bist, ist ein Augenblick, in dem du dein Leben aus der Hand gibst. Im Grunde sagst du den anderen damit: »Was du von mir hältst, ist wichtiger als das, was ich selbst über mich denke, deshalb werde ich alles tun, damit du mich magst.«

Ich hätte da einen besseren Vorschlag. Sprich mir nach: »Ich erfülle mich selbst mit Liebe und sende sie dann aus in die Welt. Wenn du sie annimmst, wunderbar. Wenn du sie nicht annimmst, dann bist du eben im Moment so. Auf dieser Erde wirkt ein Karma, das ich gerade erst anfange zu verstehen, aber immerhin weiß ich schon, dass ich mich für meine Leiden, meine Schmerzen und meine Schwierigkeiten selbst verantwortlich fühlen muss. Und auch das weiß ich: Wenn ich anderen auf ihre Nöte hin Liebe schicke, bekomme ich Liebe zurück.«

Stell dir das Universum als eine Art Bank vor. Besonders schön ist an dieser Bank, dass sie die beste Verzinsung überhaupt bietet. Wenn du Liebe im Gegenwert von beispielsweise 1000 Euro aussendest, bekommst du 1300 zurück, jedes Mal. Nicht nur deine »Einlage« taucht wieder auf, sondern dazu noch eine stattliche Rendite – und die macht dir bewusst, dass man am besten liebevoll mit anderen umgeht, immer und mit allen.

Da du vom Universum zurückbekommst, was du selbst sendest, solltest du unbedingt ein integrer Mensch sein. In der höchsten Ausprägung dieser Eigenschaft bist du jemand, der ganz zu dem steht, was er sagt. Was du äußerst, stimmt mit dem überein, was tatsächlich in dir vorgeht. Das kann man im Scherz mal ein bisschen großzügig handhaben, aber damit willst du andere nicht beeindrucken oder erreichen, dass du gut dastehst.

Woher kommt dieses Bedürfnis, die Realität zu schönen? Wozu brauchen wir das? Unwichtig. Mach dir einfach klar, dass du lügst, wenn du die Wahrheit verbiegst, und dass es zur Gewohnheit wird, wenn du es lange genug tust. Diese Gewohnheit lässt sich jedoch jederzeit korrigieren. Ob du es Lauterkeit nennst oder davon sprichst, deinen Kindern ein Vorbild sein zu wollen, jedenfalls ist es wichtig, deinen Worten entsprechend zu leben und dich nicht anders zu geben, als du bist.

Was ich schreibe, das bin ich auch. Ich lebe es, Tag für Tag. Arbeite daran, dich auch in diese Wahrhaftigkeit zu bringen, in der immer genau das aus dir herauskommt, was in dir vorgeht. Wenn du bei deinen Kindern oder in der Welt etwas ausrichten möchtest, sei ein erleuchtetes Vorbild. Immer wenn du davon abweichst, bist du nicht authentisch, und wer nicht authentisch ist, kann nicht erleuchtet sein.

Du kannst nicht bei der Steuererklärung schummeln, während du deine Kinder für Lügen bestrafst, und dabei ein authentischer, erleuchteter Mensch sein. Du kannst keine Rauchringe blasen, während du ihnen von den Übeln der Sucht predigst, und dabei ein authentischer, erleuchteter Mensch sein. Du kannst nicht faul herumhängen, deinen Kindern aber Vorträge über gesunde Ernährung halten und dabei ein authentischer, erleuchteter Mensch sein. Du kannst von den Leuten in deinem Arbeitsumfeld nicht verlangen, dass sie auf dich hören, solange deine Worte nicht zu dem passen, was du bist. Authentisch zu sein ist für die Menschen in deinem Leben, aber für alle anderen auch, extrem wichtig.

Tagebuchübung

Denk ein wenig an deine Kindheit zurück. War sie glücklich, oder glaubst du, ein paar ganz wichtige Dinge verpasst zu haben? Kannst du deinen Eltern verzeihen und aus dieser Haltung heraus die Beziehung heilen? Glaubst du, dass es dir helfen würde, jetzt eine glückliche Kindheit zu erleben? Schreib ein paar Ideen auf, wie du jetzt dein inneres Kind freilassen könntest, damit es Freude in dein Leben bringt – auch wenn du in der Vergangenheit vielleicht viel durchgemacht hast.

Wenn du selbst Kinder hast, vergegenwärtige dir einmal deine Beziehung zu ihnen. Hast du das Gefühl, hier Fehler zu machen oder gemacht zu haben, die du wiedergutmachen möchtest? Schlägst du dich auf die Seite ihres unbegrenzten Ichs? (Falls du selbst keine Kinder hast, denk an die Kinder anderer in deiner Familie oder in deinem Freundeskreis oder irgendwo in deiner Umgebung, Kinder, die dich begeistern.) Notiere deine Eindrücke und alles, was dir zu »Eltern und Kinder« einfällt. Bist du den Menschen in deiner Umgebung und der Menschheit insgesamt ein Vorbild für ein erleuchtetes Leben?

8

Mit Liebe führen

Im Laufe der Jahre haben mich viele große Unternehmen als Redner gebucht, was vielleicht erst einmal überraschend wirkt. Man könnte meinen, dass meine Philosophie überhaupt nicht mit dem Businessdenken zu vereinbaren ist, doch das trifft nicht zu. Wenn du dir nämlich von General Motors oder Chrysler oder AT&T die Menschen wegdenkst, hast du nur noch einen Haufen Equipment, der dir unter den Händen wegrostet. Alles Geschäftliche ist immer das Geschäft von Menschen. Alle Firmen fahren am besten mit Menschen, die zufrieden, selbstbewusst und glücklich sind, und sie haben wenig von Menschen, die nicht genug Geld haben, mit Süchten kämpfen, sich Sorgen machen, dass ihr Beziehungen auseinanderbrechen, und sich mit Depressionen und Ängsten herumquälen. Die Firma mag noch so groß sein, sie kann auf Dauer nur funktionieren, wenn sie die menschliche Seite des Betriebs obenan stellt.

Deshalb gehen immer mehr Firmen dazu über, ihren Mitarbeitern Trainingsgelegenheiten und andere Dinge anzubieten, mit denen sie ihren Körper fit halten können. Das Angebot umfasst oft sogar Meditation oder Yoga, um auch den Geist in guter Verfassung zu halten, frisch und in Frieden. Offenbar wird den Arbeitgebern bewusst, wie wichtig es ist, bei ihren Angestellten für körperliche und geistige Fitness zu sorgen, und ich finde das ganz großartig. Das Geheimnis all dieser Dinge lautet: Liebe.

Führen und ausführen

Wir haben inzwischen viele Studien zum Unterschied zwischen Führungspersönlichkeiten und Ausführenden in der Wirtschaft, und es scheint da zwei Hauptkriterien zu geben:

Führende haben das größere Ganze vor Augen. In einer großen Firma ist ein Ausführender jemand, der nur seinen Job und seine Stellung in der Abteilung kennt. Er wird darauf trainiert, diese eine bestimmte Sache zu erledigen, und weiß letztlich wenig von den Auswirkungen seines Tuns auf andere Abteilungen, das ganze Unternehmen und dessen Anteilseigner. Er sagt dann zum Beispiel: »Das ist nicht mein Bereich, damit bin ich nicht befasst, es liegt nicht in meiner Zuständigkeit, gehen Sie mit Ihrem Anliegen zur Buchhaltung oder zum Versand.« Und so bleiben diese Menschen dann auch, es scheint sich ein Leben lang nichts daran zu ändern; der Blick fürs Ganze ist einfach nicht vorhanden.

Eine Führungspersönlichkeit erkennt darüber hinaus, dass alles, was die Einzelnen in ihrem Zuständigkeitsbereich tun, nicht nur die ganze Abteilung beeinflusst, sondern auch die übrigen Abteilungen und die ganze Firma und deren Ertragslage. Eine Führungspersönlichkeit weiß über den ganzen Geschäftsbereich Bescheid und wird sicher hohe leitende Posten bekommen, weil sie nicht bloß fragt, was ihr Tun für sie persönlich bedeutet.

Führungspersönlichkeiten bedenken auch die langfristigen Folgen von allem, was um sie herum passiert. Nehmen wir an, so jemand sitzt im Flugzeug und muss miterleben, wie ein Flugbegleiter einen Passagier grob behandelt. Er sieht gleich, wie solch ein Verhalten sich auf das gesamte Unternehmen auswirkt, auch auf die künftigen geschäftlichen Aussichten der Airline. Der schlecht behandelte Fluggast wird über die Sache schnell hinwegkommen, schließlich weiß er, dass er später nichts mehr mit diesem Flugbegleiter zu tun haben wird. Aber seinen nächsten Flug wird er bei einer anderen Linie buchen, und vielleicht bleibt das die nächsten zehn Jahre so, und außerdem erzählt er es auch noch Freunden und Kollegen, die dann ebenfalls andere Airlines bevorzugen. Oder anders gesagt: Die Unfreundlichkeit eines einzigen Ausführenden gegenüber einem Kunden kann sich letzten Endes drastisch auf das ganze Unternehmen auswirken.

Führungspersönlichkeiten wissen das, aber wenn sie mit den Leuten höflich und nett umgehen und sich serviceorientiert zeigen, dann nicht nur deshalb, weil sie darauf trainiert worden sind, sondern weil sie einfach so *sind.* Und weil sie so sind, wissen sie um ihre Beziehung zum Unternehmen als Ganzes, sie sehen das Gesamtbild.

Und darum geht es eigentlich: Dein Verhalten gegenüber deinen Mitmenschen wirkt sich auf dich, auf sie und auf uns alle aus. Wenn du nur deine Firma im Blick hast und nur die kurz- und langfristigen Wirkungen des Verhaltens Einzelner verfolgst, ist das noch nicht das größere Ganze. Du musst auch die Auswirkungen auf die Kommune, auf dein Land und auf die Welt berücksichtigen. Ich sehe dieses Gesamtbild, auf dem letztlich die ganze Menschheit zu erkennen ist, und du kannst das auch.

Du kannst die Prinzipien des Führens bei all deinen täglichen Dingen und in deiner Familie und anderen Beziehungen anwenden, aber sie auch auf alles darüber hinaus ausweiten. Du wirst auf alle Arten von Feindseligkeit ringsum aufmerksam, auf alle Menschen, die nicht mit dem Ganzen im Einklang sind. Du weißt einfach, dass die ganze Welt etwas davon hat, wenn viele von uns in die Harmonie einstimmen.

Wenn wir eine Führungsposition innehaben, müssen wir vor allem den Blick weiten. Es ist eine Sache, in der Firma oder Abteilung oder auch innerhalb der Familie Führungsverantwortung zu tragen, aber etwas ganz anderes ist es, eine Leitfigur der Menschheit zu sein, und als solche sollten wir uns sehen.

»Könnte, würde, sollte«

Wer auf irgendeinem Gebiet eine führende Rolle spielt, ist sicher keiner, der alles so macht, wie es sich gehört, sondern jemand, der seinen inneren Signalen vertraut. Der inneren Weisung zu folgen bedeutet allerdings nicht, dass man einfach ein Rebell ist. Es ist wie überall im Leben, du stehst nicht auf und gehst deinen Beschäftigungen nach, weil sich das so gehört oder weil es dir so aufgetragen wird, sondern weil du selbst es sinnvoll findest. Wir alle haben diese inneren Signale, diesen Instinkt, der uns sagt, was für uns richtig ist, aber wir halten uns längst nicht immer daran. Allzu oft geht es darum, was wir tun müssen oder sollten, statt um die Frage, was für uns richtig ist. Würde, könnte, sollte, müsste, vielleicht und mal sehen – das ist das Vokabular von Menschen, die sich selbst behindern. »Wir hätten es so machen können. Wir hätten es so machen sollen. Hätten wir es doch nur so gemacht.« Als unbegrenzter Mensch weißt du, dass du in deinem Leben alles so gemacht hast, wie du es gemacht hast, weil es so sein sollte. Sonst hättest du es ja nicht gemacht. Dass du es so gemacht hast, beweist, dass es so geschehen sollte. Es war nicht anders möglich. Du kannst nichts je im Konjunktiv tun. »Wenn doch nur« gibt es nicht. Du hast es gemacht, wie du es gemacht hast.

Mein Leben lang habe ich die Leute davon reden hören, was sie »hätten tun können, hätten tun sollen, hätten tun wollen«. Tatsächlich hätte nie jemand irgendetwas anders machen können, als er es gemacht hat. Das geht einfach nicht.

Einmal reiste ich im Oktober zu einem Vortrag nach Minnesota und sagte dort zu meinem Taxifahrer: »Wie schön das hier ist! Sehen Sie sich dieses Laub an, diese unglaublichen Farben.«

Er sagte: »Das ist noch gar nichts. Sie hätten letzte Woche hier sein sollen.« Ich erwiderte: »Aber ich kann diese Woche nicht letzte Woche hier hätten sein sollen.« Sein Blick sagte: »O Mann. Da habe ich einen von diesen durchgeknallten Psychotypen.«

Hier noch eine andere Geschichte, die ich vor Jahren an einem Freitag erlebt habe. Ich rief bei meinem Stromversorger an und sagte: »Bei mir ist der Strom ausgefallen, würden Sie bitte dafür sorgen, dass er wieder eingeschaltet wird?«

Vom anderen Ende hörte ich: »Da hätten Sie am Mittwoch anrufen müssen.«

»Wie bitte? Hallo? Wovon reden Sie? Sind wir hier auf der Erde?«

»Na klar, sind wir.«

»Also«, sagte ich, »hier auf der Erde, wo ich mein ganzes bisheriges Leben verbracht habe, ist es nicht möglich, dass man am Freitag am Mittwoch hätte anrufen sollen. Das geht einfach nicht.«

»Ich glaube, Sie sprechen besser mit meinem Abteilungsleiter.«

Ein klassischer Fall von Sich-selbst-ein-Bein-Stellen. Ich musste mit vier Vorgesetzten diskutieren, bis endlich jemand begriff, dass die Information, was ich am Mittwoch hätte tun sollen, unbrauchbar war. Da hätte ich ja das Leben zurückspulen müssen.

Ich finde es ganz erstaunlich, wie viele Menschen so leben.

Ich frage meine Zuhörer gern: »Ist Ihnen klar, dass Sie heute Millionäre wären, wenn Sie 1916 fünf Coca-Cola-Aktien gekauft hätten?« Sicher, die meisten Menschen, zu denen ich spreche, waren damals noch nicht auf der Welt, aber ich sehe, wie es dann in ihren Köpfen rattert – hätte, könnte, wäre. Und hörst du die Leute nicht auch ständig so reden?

Beim Tennis-Doppel kommt es manchmal zu dieser ulkigen Szene mit meinem Partner: Ich habe den Korridor zu decken, und ein Ball fetzt doch einfach an mir vorbei. Dann sagt er: »Du hättest den Korridor decken sollen.«

Ich gebe zurück: »Ich kann den Korridor nicht hätte decken sollen. Keiner kann das.«

Er sagt: »Deck einfach den blöden Korridor!«

Das kann ich, ich kann den Korridor decken, aber ich kann ihn nicht hätte decken sollen. Alles klar jetzt?

Es bringt nichts, den Leuten zu sagen, was sie hätten tun sollen. Wie oft sind deine Kinder um fünf nach Hause gekommen, wenn ausgemacht war, dass sie um drei anrufen. Wenn du dem Kind jetzt sagst: »Du hättest doch um drei anrufen sollen«, weiß es, dass das Unsinn ist, einfach weil das jetzt nicht mehr geht. Sag ihm lieber: »Wenn du morgen nicht um drei anrufst, wird das und das und das passieren.« So ist es richtig. Dann weiß dein Kind, was Sache ist. Aber das Herumreiten auf Dingen, die hätten passieren sollen, ist reine Zeitverschwendung.

Schick deine Entlein nicht auf die Adlerschule

Im Management gibt es einen alten Spruch, den du dir merken kannst. »Schick deine Entlein nicht auf die Adlerschule.« Lass das mal auf dich wirken. Wir haben in der Welt massenhaft Enten und nicht gar so viele Adler, und eine Ente zum Adler umzuerziehen ist eine Aufgabe, an der man wirklich verzweifeln kann. Überall wimmelt es von problemorientierten Enten, aber die Adler, die über alle Grenzen hinaus aufsteigen, sind schnell gezählt.

Enten denken nach Entenart, und wenn du sie zu Adlern auftrainieren möchtest, erweisen sie sich als begriffsstutzig. Sie beharren auf der Unmöglichkeit gewisser Dinge: »Wir haben es hier immer so gehalten. So machen wir das nun mal. Es lässt sich unmöglich ändern.«

Gedanken dieser Art gingen mir einmal während eines Fluges durch den Kopf, als ich den Flugbegleiterinnen beim umständlichen Austeilen der Getränke zusah. Das Essen war bereits serviert, und jetzt hantierten sie noch so weit vorn mit diesem Servierwagen herum, dass ein Großteil der Passagiere sicherlich kein Getränk zum Essen bekommen würden. Wie die meisten Menschen habe ich gern ein Getränk zum Essen, und ich fragte mich: »Weshalb nimmt sie immer nur eine Bestellung auf einmal an?« Zu beiden Seiten des Mittelgangs saßen jeweils drei Leute, und die wurden einer nach dem anderen gefragt, was sie haben wollten. Dann nahm die Flugbegleiterin einen Trinkbecher zur Hand, ließ einen Eiswürfel hineinfallen, füllte den Becher mit dem gewünschten Getränk auf und reichte ihn dem Fluggast. Das lief nacheinander für alle sechs Passagiere einer Reihe gleich ab, dann ging es weiter zur nächsten Reihe. Ein Adler hätte die Frage an alle sechs Leute einer Reihe gleichzeitig gerichtet und dann losgelegt. Aus irgendeinem Grund glaubten die Enten offenbar nicht an dieses Vorgehen. Sie arbeiteten nach der Devise: »Komm ich nicht heute, dann komm ich halt morgen. Wenn du dein Getränk erst nach der Landung beim Warten auf dein Gepäck bekommst, dann ist es eben so.«

Enten gibt es überall. Neulich stand ich in der Bank an, um zur Servicetheke vorgelassen zu werden, und als ich gerade an der Reihe war, musste die Angestellte endlos telefonieren. Es dauerte so lange, dass ich schließlich fragte: »Können Sie mir bitte helfen? Ich möchte nur diesen Scheck hier einreichen, dann bin ich auch schon wieder weg.«

»Ich kann nicht mehrere Sachen auf einmal machen«, quakte sie.

»Können Sie nicht?«, fragte ich erstaunt nach. »Ich kann zehn Sachen auf einmal machen.«

Als Adler musst du schließlich die Mäuse unter dir im Auge haben, du musst auf die Telefonmasten achten, und dann hast du ja auch noch deine Jungen im Nest sitzen. Du hast zig Dinge, die immer alle zugleich laufen. Wer kann es sich schon leisten, immer nur eine Sache auf einmal zu machen? Eltern bestimmt nicht! Eltern müssen lernen, ihr Buch zu lesen, während sie den Kleinen beim Schwimmen zusehen. Sie müssen bei den Hausaufgaben helfen, während sie das Essen zubereiten. Wenn etwas vorwärtsgehen soll, muss man das einfach lernen. Du ziehst dich nicht auf den Standpunkt zurück, dass du nur eine Sache auf einmal machen kannst.

Als Schüler war ich einmal mit der ganzen Klasse an einem Ententeich. Unsere Lehrerin fühlte sich aus irgendeinem Grund bemüßigt zu sagen: »Ihr seid die schlimmste Klasse, die ich je gehabt habe. Unerträglich!« Ich dachte: »Wenn wir die schlimmste Klasse sind, muss sie ja ein großartiges Leben haben, schließlich sind wir doch wirklich leicht zu händeln. Was hat sie nur mit diesem blöden Moralisieren?« Viele von uns fühlten sich auf dem Heimweg richtig schlecht. Ich nicht.

Dieser Mentalität begegne ich seither überall. Einmal war ich in einem schönen Hotel in Orlando, Florida, wo ich im neunten Stock untergebracht war, der als »Concierge Level« bezeichnet wurde. Die Zimmer waren teuer, aber dafür hatte man einen Concierge, also einen Bediensteten, der sich um alle kleinen Angelegenheiten rings um den Hotelaufenthalt kümmerte. An meinem ersten Abend dort gab es von sieben bis neun Uhr warme Häppchen, aber ich war zum Joggen draußen gewesen und kam erst gegen zehn nach neun zurück. Ich fragte, ob ich ein paar dieser warmen Kleinigkeiten mit auf mein Zimmer nehmen könnte.

»Kein Problem«, sagte der Concierge. »Die Küche ist zwar schon geschlossen, aber ich gehe gern für Sie runter und besorge ein bisschen was. Wir hatten übrigens auch ein nettes kleines Dessert. Möchten Sie davon auch was?«

»Das wäre toll.«

Er wusste nichts von mir und war doch bereit, mich außer der Reihe zu versorgen. Großartig!

Am nächsten Morgen hatten sie ein Frühstücksbüfett, das bis halb zehn ging. Zu der Zeit war ich auch gerade wieder außer Haus, kam aber kurz darauf zurück und bat um ein Glas Saft. Diesmal bekam ich es mit einer Ente zu tun: »Das Frühstücksbüfett geht nur bis halb zehn, Sir, tut mir leid.«

Ich sagte: »Das verstehe ich, ich will ja auch nur ein Glas Saft. Ich hab richtig Durst. Ich war ein bisschen joggen und halte nachher einen Vortrag.«

»Halb zehn, Sir, das ist ganz klar angekündigt.«

Der Unterschied springt ins Auge, nicht wahr? Das sind zwei grundverschiedene Einstellungen.

Ich garantiere dir, wenn du diese beiden Concierges weiter beobachtest, wirst du das sehen, was wir schon in der Geschichte vom Eintüter und vom Zweitüter hatten: Der Adler schwingt sich zu immer neuen Höhen auf, während die Ente wohl irgendwann in einem weniger achtbaren Job landet und nicht weiß, wie ihr geschieht.

Wenn ich jemanden brauchte, der für mich arbeitet, würde ich den Einpackern an der Supermarktkasse zusehen und wüsste dann gleich, wen ich nehmen muss. Nach meiner Erfahrung werden gute Kräfte nicht ausgebildet, sondern gefunden. Sieh dich um und finde die Leute, die diese Adler- oder Zweitüter-Haltung haben – aus denen lässt sich praktisch alles machen.

Jetzt fällt mir noch etwas ein, was ich mal in Chicago am O'Hare Airport erlebt habe. Ich hatte einen Nachmittagsflug nach Fort Lauderdale in Florida gebucht. Der Flug fiel aus.

Ich sagte zu dem Mitarbeiter am Schalter: »Das macht nichts, es gibt ja eine Dreiviertelstunde später einen Flug nach West Palm Beach, das ist nur einen Katzensprung von Fort Lauderdale entfernt. Buchen Sie mich doch auf diesen Flug um.« Er sah sich die Sache auf dem Bildschirm an und sagte dann: »Leider geht das nicht.«

»Warum nicht? Sind keine Plätze frei?«

»Doch, Platz hätten wir schon für Sie, aber der Computer sagt, dass es sich um verschiedene Städte handelt.«

»Miami und Fort Lauderdale gelten als der gleiche Zielort«, gab ich zurück, »und Fort Lauderdale und West Palm Beach sollen jetzt verschiedene Städte sein?«

Er klärte mich auf, es sei dasselbe, als würde ich jetzt plötzlich nach San Francisco wollen. »Der Computer sagt, es ist eine andere Stadt, und da sind uns leider die Hände gebunden. Tut mir leid, aber Sie können nur den Flug nehmen, der in vier Stunden geht. Da ist es überhaupt kein Problem.«

»Sie streichen meinen Flug und wollen mich nicht einen anderen nehmen lassen, der nur gut dreißig Kilometer vom ursprünglichen Zielflughafen entfernt landet? Und nur, weil der Computer sagt, es sei eine andere Stadt?«

»Ja, tut mir wirklich leid, aber ich kann es auch nicht ändern.« Diese Phrase kennen wir alle nur zu gut.

Ich sagte das, was ich in solchen Fällen immer sage: »Ich möchte bitte mit jemand anderem sprechen, mit irgendjemand anderem.«

Er erhob sich, um zu gehen, sagte aber noch: »Tut mir wirklich leid, Sir, aber mein Chef wird Ihnen auch nichts anderes sagen können.«

Mir war klar, dass er nur zum Ententeich wollte. Ich sagte: »Warten Sie. Gehen Sie jetzt bitte ein paar Stufen rauf, irgendwelche Stufen. Gehen Sie weit genug rauf, sehen Sie zu, ob Sie irgendwo einen Adler finden.«

»Wie bitte?«

»Mir ist es egal, wer das ist«, erklärte ich ihm. »Es muss nur jemand sein, der nicht im Voraus schon überzeugt ist, dass es nicht geht. Bringen Sie mir bitte so einen. Ich möchte einfach mit jemandem sprechen, der nicht schon abgewinkt hat.« Und was soll ich dir sagen, er brachte mir tatsächlich einen Adler, der mich auf meinen Wunschflug umbuchen konnte. Alles fügte sich so, wie es zu sein hatte.

Die Welt, musst du wissen, ist voller Enten, und du musst wirklich aufpassen, dass du nicht auch eine wirst. Wie gesagt, Erfolg liegt in dir. Und wenn du ihn in dir hast, teilt er sich allem mit, was du tust – du breitest die Schwingen aus und segelst durchs Leben.

Tagebuchübung

Denk an deine eigenen Begegnungen mit Enten und Adlern. Welchem der beiden Typen ähnelst du mehr? Schreib in dein Tagebuch, was für Gefühle du dazu hast. Wie könntest du anderen den Weg mit dem Licht deiner Liebe ausleuchten und dadurch selbst jemand werden, der führt?

Dritter Teil

Dein Lebensauftrag

Nimm allen Mut zusammen und geh deiner Leidenschaft nach. Wenn du nicht weißt, worin sie besteht, mach dir klar, dass dein Erdendasein unter anderem dazu da ist, sie zu finden.

Oprah Winfrey

9

Vom Sinn und Zweck deines Lebens

Während der letzten Jahre, die ich an Schulen gearbeitet habe, war ich bemüht, eine Art Curriculum zusammenzustellen, nach dem junge Leute lernen können, so gesund wie nur irgend möglich zu sein. Wenn du Kinder hast und man dich fragt, was du dir für sie wünschst, wird deine Antwort wohl irgendwie so lauten: »Ich möchte, dass sie glücklich sind, Erfüllung finden und mit einem Gefühl der Sinnhaftigkeit durchs Leben gehen.« Aber wo können sie das lernen? Wo sind die Kurse, in denen es darum geht, wie man frei von Schuldgefühlen lebt, wie man sich nicht von Befürchtungen umtreiben lässt oder von der Sorge, was andere von einem denken mögen; die Kurse, wie man es vermeidet, ständig den Beifall anderer zu suchen, wie man sich selbst liebt, wie man in der Gegenwart lebt und nicht in der Zukunft oder Vergangenheit, wie man die Opferrolle ablegt und wie man mit seinen Gefühlen zurechtkommt? Weshalb gibt es für all das keinen Unterricht?

Wie in diesem Buch immer wieder erwähnt wurde, besteht

eines der Kennzeichen unbegrenzter Menschen darin, dass sie ihre Motivation aus sich selbst beziehen. Sie entscheiden nach ihren inneren Signalen, was für sie richtig oder falsch ist, was sie als ihre Lebensaufgabe ansehen und wie sie sich ihr widmen wollen. Die meisten Kinder folgen ganz instinktiv ihrer Intuition, aber in der Schule bekommen sie dann beigebracht, ihre innere Stimme nicht zu beachten. Geh in irgendeine Schule und erkundige dich nach der dort zu Grunde gelegten Erziehungsphilosophie, und du wirst so etwas wie das hier zu hören bekommen: »An dieser Schule geht es uns um die vollständige Entwicklung und individuelle Selbstverwirklichung jedes einzelnen Kindes. Der Lehrplan sieht Inhalte und Interventionen vor, die jedem Kind in unserem Haus maßgeschneiderte Ziele für die Selbstverwirklichung bieten.«

Das ist leider nur Gerede. In Wirklichkeit lässt man die Kinder einfach auflaufen, wenn sie sich allzu aufgeweckt zeigen, wenn sie zu den Lehrern und Rektoren sagen: »Moment mal. Weshalb? Wozu sind diese Sachen so festgelegt? Könnten wir nicht ein paar Dinge anders machen?« Die Kids lassen uns wissen, dass sie lieber dies als jenes lernen würden, weil sie es sinnvoller finden. Damit stellen sie die Autorität in Frage, aber wir hören ihnen nicht zu. Ich würde es gern sehen, dass wir in unseren Schulen all das unterlassen, was die Funken der inneren Motivation wieder löscht.

Jeder Mensch, dem ich je begegnet bin, wünscht sich, etwas Besonderes und Einzigartiges zu sein, ein Mensch, der zählt. Ich glaube wirklich, dass es nichts Wichtigeres für uns gibt, als jeden Tag mit einem Gefühl der Sinnhaftigkeit durchs Leben zu gehen. Wir alle möchten unseren Fußabdruck in der Welt hinterlassen, aber unsere Vorstellungen davon, wie das zu erreichen ist, sind ziemlich aus dem Gleichgewicht.

Gegen die Regeln verstoßen

Eines meiner Lieblingszitate stammt von Henry David Thoreau: »Wenn man zuversichtlich seinen Träumen folgt und sich bemüht, so zu leben, wie man es sich vorgestellt hat, wird das unterwartet von Erfolg gekrönt.«

Ich verstehe das so: Wenn du deine Chancen ergreifst und selbstbewusst die Dinge in Angriff nimmst, die dir etwas bedeuten, und wenn es dir dabei nicht in erster Linie um Regeltreue geht, du also nicht unbedingt ein guter Arbeitnehmer oder Ehepartner oder Elternteil sein musst, sondern dein Leben auf *deine* Art führst, wirst du mehr Erfolg haben, als du dir je hättest träumen lassen. Jagst du jedoch äußeren Dingen nach, dem höheren Gehalt und dem noch aufwendigeren Urlaub beispielsweise, dann tust du wohl das, was von dir erwartet wird, aber Frieden findest du so nicht. Und ohne Frieden in dir selbst fehlt dir ein richtiger Lebensinhalt. Du weißt nicht, worin der Sinn des Ganzen besteht, du siehst nur, dass du irgendwie zurechtkommst, und sagst dir: »Jetzt mach schon, setz dich in Bewegung, sieh zu, dass du nicht aneckst und nicht groß auffällst.« Das ist bestimmt nicht der Weg zum Leben deiner Träume.

Von früher Kindheit an werden wir darauf dressiert, uns an

bestimmte Leitlinien und Regeln zu halten. Einige dieser Regeln lauten:

- Tu das, was du tun sollst, und unterlass das, was du nicht tun sollst.
- Tu, was man dir sagt, und stell keine Fragen.
- Sorge für gute Schulnoten und sei nicht aufsässig.
- Geh studieren, wenn du kannst, und wenn nicht, dann such dir eine Arbeit.
- Lass dich so ausbilden, dass dir ein anständiges Gehalt sicher ist.
- Heirate und gründe eine Familie.
- Mach es den anderen recht, so gut du eben kannst.
- Zahle deine Rechnungen pünktlich.
- Sieh zu, dass du nicht ins Gefängnis kommst. Meide überhaupt alles, was dich in Schwierigkeiten bringen könnte.
- Verdiene möglichst viel Geld.
- Kleide dich sorgfältig und leiste dir nette Spielzeuge.
- Geh auf Partys und gönn dir ein paar Gläschen.
- Unternimm alles, damit dein Leben glattläuft. Füg dich ein, dann kommst du zurecht.

Aber dann kommt etwas daher, was die Gewichtung der Dinge verändert. Vielleicht streikt die Gesundheit, oder dir wird plötzlich klar, dass du nicht alle Zeit der Welt hast. Jedenfalls interessiert dich jetzt zunehmend die Frage, wozu dein Leben überhaupt gut sein soll. Wenn du regeltreu bleibst und es allen recht machst, kommst du ohne großen Ärger durch und wirst sicher auch nicht im Gefängnis landen, aber zu einem klaren Bild vom Sinn und Zweck deines Lebens kommst du so nicht.

Zum Beispiel gibt es ja die Regel, für die Zeit des Ruhestands vorzusorgen und ausreichende Rücklagen zu bilden, um auch im Alter das tun zu können, was dir vorschwebt, und das ist so weit ganz richtig. Wenn du Kinder hast, die studieren, brauchst du ein finanzielles Polster. Aber ein Gefühl für den Sinn und Zweck deines Lebens bekommst du so auch nicht. Wenn du deinen Lebensinhalt in deinen Kindern siehst, wird dich das frustrieren, auch wenn du sicher ein wunderbarer Vater oder eine wunderbare Mutter sein wirst. Die Leistungen und Erfolge anderer bringen dir keine echte Erfüllung, du kannst dabei nur zusehen, aber auf diese Weise klärt sich für dich nicht, was *du* eigentlich auf dieser Erde zu tun hast.

Um das herauszufinden, musst du das Gegenteil dessen tun, was die Regeln verlangen, und meine Aufgabe besteht unter anderem darin, dich bei diesem Umdenken zu unterstützen. Es muss für dich Priorität haben, deiner Leidenschaft oder Berufung zu folgen. Die Regeln hinter dir lassen, dazu kann es erst kommen, wenn »mehr, mehr, mehr« und »besser, besser, besser« dich nicht mehr lockt. Du beziehst deine Motivation nicht mehr von außen, du bist nicht länger ein Stichwortempfänger, sondern hältst dich an deine inneren Signale und tust das, was du für richtig befindest.

Solange du dich an die Regeln hältst, stehst du morgens auf und machst dich an deine Arbeit, die dich nicht mehr gar so sehr befriedigt, weil du sie einfach beherrschst und dich auskennst und sie keine Herausforderungen mehr bietet. Wenn du tust, was du immer getan hast, wenn dein Tun dich nicht mehr fordert und auch keine Kreativität verlangt, entsteht Routine. Du marschierst sozusagen im Gleichschritt, und das ist nicht gerade befriedigend. Du tust nur mehr oder weniger automatisch das, was für dein Gehalt erforderlich ist, aber der innere Frieden, den du suchst, bleibt aus. Er findet sich, wenn du um den Sinn und Zweck deines Lebens weißt und ihm folgst. Dann lässt du auch alle Routine hinter dir zurück.

Vielleicht machst du dir Gedanken, was alles von dir verlangt werden könnte, wenn du dich wirklich und ganz deinem persönlichen Lebensauftrag widmest. Wir gehen darauf später noch genauer ein, aber ich kann schon vorausschicken, dass die meisten Menschen, die risikobereit sind, mehr erreichen als je zuvor: Sie verdienen mehr Geld, auch wenn sie nicht darauf aus sind. Ihre Gesundheit und ihre Beziehungen verbessern sich, und sie haben mehr Zeit für das, was wirklich zählt im Leben, das heißt für die Familie und manches andere. Ich sehe viele Menschen, die mehr oder weniger ausschließlich von außen motiviert sind und kaum mehr im Sinn haben, als irgendwie mit den Nachbarn mithalten zu können. Ich denke dann: »Könntet ihr doch nur sehen, dass das Leben so viel mehr zu bieten hat als das hier.« Wir müssen uns neu ausrichten und selbstbewusst in die Richtung unserer Träume gehen.

Das Leben als Meisterstück

Bei uns im Westen bewerten die meisten Menschen sich selbst und ihr Tun nach ziemlich künstlichen Maßstäben: Wie viel ich verdiene, was ich mir alles leisten kann, wie viel Anerkennung ich bekomme. Das sagt nicht viel über unser Menschsein und lässt nicht erkennen, ob wir wirklich alles aus unserem Leben machen, was möglich wäre.

Auch Leistung steht hoch im Kurs und ist fast so etwas wie ein Objekt der Anbetung geworden. Überall ist das zu sehen: Die Leute verstehen das Leben als eine Art Wettkampf, und es geht immer nur darum, wie weit man es gebracht hat, welche Stellung man innehat und welche Auszeichnungen man vorweisen kann, die beweisen, dass man einfach Spitze ist.

Ständig ist von Errungenschaften die Rede, von Leistungen, von Performance, als wären diese das höchste Ziel, das man sich überhaupt setzen kann. Mir und vielen anderen erging es damit so: Nachdem wir dieses Leben eine Weile geführt und eine Menge erreicht hatten, immer auf höchstem Leistungsniveau und sehr erfolgreich, stellte sich schließlich heraus, dass das Ganze irgendwie leer war. Irgendwann beschleicht einen das Gefühl, dass man da nur sein Ego bauchpinselt und sich zu beweisen versucht, dass man sich alle erdenklichen materiellen Dinge verschaffen kann.

Erfolgsstreben wird schnell zur Obsession, wenn der Dienst an anderen nicht länger der Maßstab ist, sondern es nur noch darum geht, was man für sich selbst herausschlagen kann. Viele tappen in diese Falle und glauben, sie müssten immer mehr leisten und immer mehr Dinge in ihren Besitz bringen. Wenn sie siegreich aus dem Wettbewerb hervorgehen, schön für sie, aber bald regt sich der Gedanke, dass es beim nächsten Mal auch wieder gelingen soll und beim übernächsten Mal ebenso. Schließlich geht es nur noch darum, die anderen Wettbewerber ganz aus dem Feld zu schlagen. Nichts ist je genug.

Wenn du in dieser Dynamik gefangen bist und immer im Außen nach künstlicher Bestätigung deiner selbst als Mensch suchst, wirst du irgendwann merken, dass die Leidenschaft nicht mehr da ist und du auch keine Zufriedenheit findest. Würde es dich nicht reizen, dein Leben als Kunstwerk zu führen und es Augenblick für Augenblick als dein Meisterstück zu betrachten?

Ich selbst habe diesen Schwenk vollzogen. Ich frage mich nicht mehr, wie viel ich verdienen und wie weit ich es bringen kann, sondern betrachte mein Leben als ein ganz erstaunliches Kunstwerk. Ich kann es zu dem formen, was in meinen Augen der bestmögliche Beitrag ist, den ich in meiner Zeit auf dieser Erde leisten kann und in dem mein Menschsein und der Sinn und Zweck meines Daseins am besten zum Ausdruck kommen.

Wenn ich mir Vorbilder für dieses Leben als Meisterwerk vorzustellen versuche, denke ich nie an Besitz oder Geld oder überragende sportliche Leistungen und dergleichen. Vielmehr finde ich diese Vorbilder auf einer ganz anderen Ebene, nämlich in Menschen wie Jesus Christus, Mohammed oder Buddha, das heißt bei spirituellen Meistern, die uns großartige Lehren über die Kraft des menschlichen Geistes hinterließen. In neuerer Zeit ist Mahatma Gandhi ein solches Vorbild. Er vermochte das

Schicksal einer ganzen Nation zu wenden, und es gelang ihm auf gewaltfreie Art, geleitet vom Gedanken der Mitmenschlichkeit. Er leitete die Menschen Indiens auf den Weg der Selbstständigkeit und Eigenverantwortung, inspiriert vom Gedanken der Schönheit und Wertschätzung. Für mich ist das eine große Inspiration.

Denk aber bitte nicht, dass ich Leistung und Errungenschaften in irgendeiner Weise kleinreden möchte. Sie haben in meinem eigenen Leben über weite Strecken eine große Rolle gespielt. Aber mit den Jahren merke ich, dass sie mir immer weniger bedeuten. Und obwohl ich jetzt innerlich auf Höheres ausgerichtet bin, begleitet mich der Erfolg nach wie vor, sogar noch mehr als früher. Es ist, als wüsste ich heute besser, wozu ich hier bin und wie ich dieses Leben nutzen kann, um etwas für andere zu tun.

Lass Spiritualität in deinem Leben eine Rolle spielen – als Mitgefühl und fürsorgliche Liebe, als rücksichtsvoller Umgang mit allen, die dir begegnen. An Konflikten und Schwierigkeiten, die auf deinem Weg liegen, kannst du lernen, wie man am besten mit ihnen umgeht. Um zu diesem höheren Zielbewusstsein zu gelangen, brauchst du weder Hass noch Ärger noch Bitterkeit, und du musst niemanden besiegen.

Deine wahre Berufung finden, das heißt nicht, dass du deinen Beruf aufgibst oder überhaupt auf deine bisherige Rolle im Leben verzichtest. Du gehst nur jetzt von einer Haltung des Friedens aus. Du erkennst nach und nach, dass sich dein Leben so vollkommen und harmonisch entfalten kann wie das Universum und so tatsächlich ein großartiges Kunstwerk wird.

Überraschend zeigt sich dann, dass alles, was du so emsig verfolgt hast, wie von selbst in deinem Leben auftaucht. Du ergibst dich – aber nicht irgendwem, sondern in dem Sinne, dass du von den Dingen lässt, denen die meisten Menschen ihr Leben lang nachrennen. Sie bleiben einfach in diesem stressigen, surrenden Hamsterrad und beugen sich den mit ihm verbundenen Notwendigkeiten: »Ich muss was bringen, ich muss es schaffen, ich muss ganz an die Spitze, ich muss alle anderen aus dem Feld schlagen.« Du jedoch besitzt jetzt ein Gefühl für Harmonie und weißt, dass alle diese Dinge wenig über dich als Menschen aussagen. Du hast etwas weitaus Wichtigeres im Sinn: deinen Lebensauftrag.

Im gegenwärtigen Augenblick leben

Ein zielbewusstes, sinnerfülltes Leben kann man nicht in der Zukunft oder Vergangenheit führen. Vergegenwärtige dir die Bedeutung von *jetzt*, das befreit dich vom egozentrischen Denken. Wir im Westen sind darin nicht besonders geübt, es kann sogar den Anschein haben, als wüssten wir nicht einmal, was »jetzt« eigentlich heißt, einfach, weil unsere Gedanken ständig um unsere Verpflichtungen und alle möglichen Regeln und Regelverstöße kreisen. Wir möchten gute Familienversorger sein, wir gehen jeden Tag zur Arbeit, kommen unseren Zahlungsverpflichtungen nach und tun überhaupt alles, was von uns erwartet wird. Noch einmal: Das ist alles in Ordnung, aber Leidenschaft ist da nicht zu erwarten.

Wenn du im Jetzt lebst, erlaubst du dir, den Moment auszukosten, anstatt das immer wieder aufzuschieben, weil es Dringenderes zu tun gibt. Geld, Ansehen, Auszeichnungen, Aufstieg und mehr, all das gibt dir nicht wirklich das Gefühl, deinen Lebenszweck zu erfüllen. Vielleicht kannst du damit dein Haus abbezahlen oder hast etwas, was du ins Regal stellen oder an die Wand hängen kannst, aber es sind alles Dinge, die dich von außen bestimmen.

Was dir ein Gefühl vom Sinn deines Lebens vermittelt, sind die Antriebe, die aus dir selbst kommen. Sie machen dein Bild von dir selbst aus, dein Selbstwertgefühl, dein Bewusstsein von deiner persönlichen Entwicklung und deinem Erfahrungsschatz. In dieser Haltung suchst du nicht länger nach deiner wahren Lebensaufgabe, sondern sie findet dich. Lebenssinn ist wie Glück und Erfolg etwas, was du *bist* und was in alles einfließt, was du in diesem Leben zu tun hast.

Ich denke, dass es für uns alle wichtig ist, Ziele und Pläne zu haben, wir dürfen nur nicht vergessen, dass alle anderen Schritte im Leben genauso wichtig sind wie das, was wir zum Erreichen unserer Ziele unternehmen. Man will ja nicht derart in einen Plan verliebt sein, dass er sich nicht mehr den Umständen entsprechend abwandeln lässt. Nehmen wir an, du würdest zur Planung einer Reise alle Stationen im Voraus festlegen und auch alle Buchungen bereits verbindlich vornehmen. Dann bist du unterwegs und kommst an einen Ort, wo du noch nie warst, der dich aber wirklich anspricht. Vielleicht wird da am nächsten Tag etwas geboten, was du sehr gern sehen würdest – aber es geht nicht, weil deine Pläne und Vorhaben über dich bestimmen, nicht andersherum. Wenn du bei den Dingen, die dich interessieren, nicht mehr flexibel und anpassungsfähig sein kannst, ist das keine gesunde Situation.

Pläne und Ziele sind in Ordnung, solange alles den Geist des Jetzt hat und du im gegenwärtigen Augenblick bleibst. Hier ein Beispiel aus meinem Leben: Vor vielen Jahren habe ich an meinem ersten Marathon teilgenommen. Ungefähr ein Jahr zuvor hatte ich mit dem Laufen begonnen und besaß noch keine Vorstellung von einem Marathon. Ich wollte einfach nur wissen, wie es ist, jeden Tag zu laufen, immer im Rahmen dessen, was mein Körper mitmachen wollte – das war mein Ziel. Irgendwann fing ich damit an, und am nächsten Tag wiederholte ich es, trotz Muskelkater und Atemnot. Auch am folgenden Tag blieb ich dabei, und so ging es immer weiter.

Nach drei oder vier Wochen lief ich nicht mehr nur zweieinhalb Kilometer, sondern gut drei. Ich hatte mir die Latte nicht höher gelegt, sondern mein Körper wollte einfach schneller und weiter laufen, und das ist ja auch ganz natürlich. Bei diesem Verfahren blieb ich, es gab mir die Möglichkeit, im Augenblick zu bleiben und Spaß bei der Sache zu haben. Es war so etwas wie ein automatisches Verschieben des Ziels nach oben, und schon im nächsten Jahr stand ich auf der Startlinie eines 26-Meilen-Laufs. Hätte man mir das ein Jahr zuvor gesagt, hätte ich gedacht: »So ein Blödsinn, wer hat schon Lust, eine solche Strecke laufend zurückzulegen?«

Ich kam nach dreieinhalb Stunden am Ziel an und fand es unfassbar, dass manche nach etwas mehr als zwei Stunden aufgegeben hatten. Ich dachte: »Wenn man mittendrin aufhört, hat man doch überhaupt nichts von der Sache.« Ich sah mich als Gewinner, schließlich hatte ich durchgehalten. Wie gesagt, es ist alles eine Frage der Einstellung.

Angenommen, du möchtest abnehmen oder mit dem Rauchen aufhören oder irgendein anderes Suchtverhalten abstellen. Für mein Gefühl kann man ein solches Vorhaben nur so ausführen, dass man sich sagt: »Heute, einfach nur heute, esse ich keinen Zucker.« Oder wenn es ums Rauchen geht: »Heute, einfach nur heute, rühre ich vierundzwanzig Stunden keine Zigarette an.« Fragt mich jemand, wie das zu schaffen ist, antworte ich: »Jeder schafft einen Tag. Das ist keine große Sache.«

Du stehst also diesen einen Tag durch, und am Ende der vierundzwanzig Stunden bist du ein neuer Mensch. Sag dir nur ja nicht: »Morgen ist die Zuckergier sowieso wieder da. Da mache ich mir nichts vor. Ich werde mir morgen Abend eine riesige Portion Eis wünschen, da könnte ich mir auch jetzt gleich eine gönnen. Oder ist es etwa so, dass ich nie wieder Eis essen darf?« So etwas treibt dich sofort zum Tiefkühlfach. Tu dir das nicht an, sonst passiert es jeden Abend wieder.

Sag dir lieber: »Ich habe jetzt vierundzwanzig Stunden kein Eis gegessen« oder »Ich habe meinem Körper jetzt vierundzwanzig Stunden kein Nikotin zugeführt.« Du bist nach diesem einen Tag ein anderer Mensch, und den kannst du entscheiden lassen, ob er einen weiteren Tag anschließen möchte. Lass jetzt im Moment nicht den entscheiden, der Eis oder eine Zigarette haben möchte. Lass den entscheiden, der vierundzwanzig erfolgreiche Stunden hinter sich hat, und am nächsten Tag den, der achtundvierzig solche Stunden hinter sich hat.

Du kannst jeden Tag ein neuer Mensch werden. Das glaubst du nicht? Dann frag irgendwen, der je bei den Anonymen Alkoholikern war, bei denen eines der Grundprinzipien lautet: *Immer nur einen Tag auf einmal.* Alles ist zu schaffen, wenn man sich immer nur einen Tag auf einmal vornimmt. Du kannst an diesem Tag Ziele haben und dabei trotzdem nicht in der Zukunft leben. Es wäre unsinnig zu sagen, dass du keine Ziele haben sollst. Jeder hat Ziele. Es geht aber darum, wie viel du eben jetzt – und nur dieser gegenwärtige Augenblick zählt – zur Verwirklichung deines Ziels tun kannst.

Du musst jeden Tag ganz ausleben, statt die Erfüllung deines Vorhabens auf eine Zukunft zu verschieben, die vielleicht kommt, vielleicht aber auch nicht. Und wenn sie kommt, bist du sehr wahrscheinlich inzwischen ein ganz anderer Mensch. Das ist schwer zu verstehen und zu berücksichtigen: Wenn du dir ein Fernziel setzt, wirst du beim Erreichen dieses Ziels längst nicht mehr der Mensch sein, der du jetzt bist.

Wir können immer nur im gerade aktuellen Augenblick leben. Wenn du in fünf Jahren irgendetwas Bestimmtes erreicht haben möchtest, setzt du stillschweigend voraus, dass du es als die Person erreichst, die du jetzt bist, in dem Körper, den du jetzt hast. Das ist ein bisschen gewagt. Die Zukunft ist niemandem versprochen, und die Vergangenheit ist wie Kielwasser. Wir können nur jetzt leben, nur in diesem Augenblick.

Den Weg genießen

So tun, als wäre das Angestrebte oder Erwünschte bereits erreicht, das gehört zu den Dingen, die man beherrschen sollte. Nicht nur Glück und Erfolg liegen letztlich in dir selbst, sondern für das Gefühl der Wunscherfüllung gilt das ebenso. Wer diese Erfüllung finden möchte, indem er sich mächtig ins Zeug legt, um ein Ziel zu erreichen, führt ein Leben, in dem das äußere Streben überwiegt. Es täte dir gut, innerlich mehr die Haltung des Ankommens einzunehmen, statt auf die Bewältigung steiniger Pfade eingestellt zu sein.

Lass einmal diese Worte von Ralph Waldo Emerson auf dich wirken: »Den Augenblick vollenden, das Ziel der Reise in jedem Schritt des Weges finden und möglichst viele schöne Stunden verleben, das ist Weisheit.« Ganz sicher kennst du den Spruch »Der Weg ist das Ziel«. Ich möchte dir klarmachen, dass jeder Schritt in Richtung deines Ziels genauso viel zählt und genauso ausgekostet werden will wie das Erreichen dieses Ziels.

Solange du ganz auf das Erreichen von Zielen fokussiert bist, kannst du kein unbegrenzter Mensch sein. Deine Energien sind dann mehr oder weniger ausschließlich auf deine Zukunft ausgerichtet, und du bleibst ein von seinem Ego bestimmter Mensch, der an der Krankheit des »mehr, mehr, mehr« leidet. Wenn du dein Ziel erreichst, weißt du nichts damit anzufangen, also musst du dir wieder ein höheres Ziel stecken. Du wolltest auf deinem Bankkonto die Zahl 100 000 sehen, und jetzt hast du das Geld und denkst, dass 200 000 doch sicher besser wären, und so geht es immer weiter. Dein Leben besteht immer mehr aus Kampf und Leid, und du willst immer mehr erreichen. Du erreichst es vielleicht, aber irgendwann fällt dir plötzlich auf, dass du alt geworden bist, und du fragst dich ratlos: »Was ist aus meinem Leben geworden?«

Es ist völlig in Ordnung, Ziele zu haben und zu verfolgen – solange du bei der Wahrheit bleibst. Das ist das Allerwichtigste im Leben. Es kommt darauf an, so integer zu sein, dass jedes deiner Worte zutrifft und deiner Wahrheit entspricht. Ausrutscher dürfen vorkommen, sie mindern deinen Wert nicht, sondern fordern dich nur auf, aus ihnen zu lernen. Du begrüßt diese Gelegenheiten zu lernen und sagst nicht: »Ich habe gepatzt, ich tauge nichts. Ich bin wohl doch kein integrer Mensch.«

Wenn du mit deinen Zielsetzungen den Ausgleich von Defiziten anstrebst, wirst du einer, der immer auf das Nächste und dann wieder das Nächste aus ist, und bist du dann endlich da, wo du hinwolltest, kannst du nichts damit anfangen, weil du es so gewohnt bist, auf etwas anderes aus zu sein als das, was du hast. So viele denken bei ihrer ersten Tasse Kaffee am Morgen schon an die nächste, und bei der Vorspeise haben sie bereits die Nachspeise im Sinn, ständig so sehr auf das Nächste und Übernächste fixiert, dass sie nicht dazu kommen, das zu genießen, was sie gerade vor sich haben.

Es gibt kaum etwas, das uns so klar sein lässt und so viel Kraft gibt wie die Fähigkeit, diesen Augenblick und jeden Augenblick zu einer Gipfelerfahrung zu machen.

Denken wir zum Beispiel an Dostojewski, einen der größten Schriftsteller überhaupt, und seine Erlebnisse als junger Mann im zaristischen Russland um die Mitte des 19. Jahrhunderts. Man warf ihm regimefeindliche Umtriebe vor, und im Prozess wurden er und etliche Gleichgesinnte zum Tod durch Erschießen verurteilt. Am Tag der Exekution wurde alles sehr realistisch inszeniert, die Verurteilten in weiße Leichengewänder mit Kapuzen gekleidet – aber unmittelbar vor der ersten Salve erging ein Erlass, nach dem die Todesstrafe in Festungshaft umzuwandeln war. Es handelte sich also um eine Scheinexekution, aber man kann sich vorstellen, was in Dostojewski vorgegangen sein muss.

Er schrieb später viel über den gegenwärtigen Augenblick und die Fähigkeit, ganz in ihm aufzugehen. So fiel ihm in der Todeszelle einmal eine Kakerlake ins Auge, und er merkte dazu an, dass sie ihn überhaupt nicht störte. Er sah sie nicht als schmutziges Insekt, das man zertritt, sondern als ein Wunder.

Vielleicht hast du diesen Spruch schon einmal gehört: »Leben ist das, was passiert, während du dabei bist, andere Pläne zu machen.« So ist es tatsächlich. Es gilt zu verstehen, dass jeder Moment ein lebendiges Wunder ist. Such nicht nach Wundern in der Zukunft, koste jeden Schritt auf dem Weg zur Erleuchtung aus.

Tagebuchübung

Sieh dir noch einmal meine Aufstellung von Regeln auf einer der ersten Seiten dieses Kapitels an. Kannst du etwas damit anfangen? Lebst du also bislang nach den dort formulierten äußerlichen Motiven? Jetzt überleg dir, was du gern anders hättest, und schreib alles auf. Was du hier notierst, ist womöglich das, was dir die Richtung zum Sinn und Zweck deines Lebens weist.

10

Folge deinem Glück

Ich glaube, dass wir alle mit einem Auftrag geboren werden. Wir haben bestimmte Dinge zu lernen und sind auf dem Weg zur Erleuchtung. Das geht bei manchen ziemlich schnell, während andere sehr lange brauchen. Es gibt Menschen, die auf einen Erfahrungsschatz von dreißig Jahren zurückgreifen können, während er bei anderen nur ein Jahr umfasst, das dreißigmal wiederholt wurde. Erstere sind auf Wachstum und Entwicklung aus und möchten alles in ihnen Angelegte zur Entfaltung bringen, bei Letzteren spielt sich immer wieder das Gleiche ab. Es sind Ausdrucksformen der beiden Grundtypen, zu denen in diesem Buch schon viel gesagt wurde: Der eine geht mit Zuversicht und zupackend zur Sache, der andere ist ein Schwarzmaler, der nicht vom Fleck kommt. Natürlich gibt es hier auch noch individuelle Unterschiede.

Ich habe einen guten Freund, der Arzt von Beruf ist. Er hat mir anvertraut: »Weißt du, diese Praxis macht mich fertig. Ich fühle mich richtig ausgebrannt. Ja, ich verdiene eine Menge Geld und bin angesehen, aber eigentlich mag ich die Arbeit nicht, viel lieber wäre ich Sportreporter.« Er träumte davon, es erst einmal im Schulsport zu versuchen.

Ich sagte: »Warum treibst du die Sache dann nicht voran? Als Arzt hast du ja wirklich einen angesehenen Beruf, aber es gibt keinen Grund, dabei zu bleiben, wenn du die Arbeit nicht magst.«

»Diese Wahl habe ich vor langer Zeit getroffen, daran ist jetzt nichts mehr zu ändern. Einmal Arzt, immer Arzt.«

»Wer hat denn verfügt, dass du Arzt werden sollst?«

»Ich selbst habe das mit achtzehn beschlossen.«

Ich fragte: »Würdest du heute bei einem Achtzehnjährigen zur Berufsberatung vorsprechen? Würdest du ihm das zutrauen?«

»Nein, natürlich nicht.«

»Aber genau das tust du doch gerade.«

Was passiert, wenn du früher einmal gefasste Pläne jetzt ändern möchtest? Du hast eine bestimmte berufliche Laufbahn eingeschlagen, aber inzwischen hast du gemerkt, dass du da nicht richtig bist oder dich nicht mehr gefordert fühlst. Trotzdem hast du das Gefühl, du seist gebunden, und denkst, da sei nichts mehr zu ändern. Aber du musst nicht bei dem bleiben, was du bisher gemacht hast. Es ist lange her, dass du dich dafür entschieden hast, und es steht dir immer frei, alte Entscheidungen zu revidieren.

Wenn mein Freund es sich bald nach seiner mit achtzehn Jahren getroffenen Entscheidung anders überlegt hätte, wäre kein nennenswerter Schaden entstanden, und er wäre viel schneller zu dem gekommen, was er wirklich gern machen will.

Ein scheinbarer Fehlschlag kann sich als Chance erweisen, und statt einen Plan weiter zu verfolgen, der dir nicht wirklich liegt, kannst du einfach sagen: »Ich glaube, ich geh jetzt da lang.« So findest du heraus, was wirklich für dich passt. Weshalb solltest du auch nur eine Minute länger etwas tun, was du nicht magst? Schließlich weiß kein Mensch, wie lange er leben wird. Ich kann dir aber versprechen, dass dein Leben länger und sinnvoller wird, wenn du mit den Ansätzen arbeitest, die ich in diesem Buch vorstelle.

Sei ganz du

Wenn ich die Frage nach einem grundsätzlichen Kurswechsel im Leben anschneide, meine ich ein kollektives Rumoren zu hören: »Ja, aber ich hab doch Verpflichtungen. Ja, aber ich muss doch mein Haus abbezahlen. Ja, aber …« Es gibt so viele »Ja, aber«, und sie haben natürlich mit Ängsten zu tun.

Erfolg kannst du nur haben, wenn du auch Misserfolge einzustecken bereit bist. Der legendäre amerikanische Baseballspieler Babe Ruth war der Erste, der in einer einzigen Saison (1927) 60 Home Runs erzielte, aber in der gleichen Saison unterliefen ihm auch 89 Strikeouts (das heißt, er traf den vom Pitcher geworfenen Ball nicht). Wenn du Home Runs schlagen möchtest, musst du in Kauf nehmen, dass du auch mal daneben schlägst – nur so erkennst du, wo du stehst und wie du dich machst.

Aber es darf nicht darum gehen, besser zu sein als alle anderen. Wer sich nur als Gewinner sehen kann, wenn er *alle* anderen besiegt, endet zwangsläufig als Verlierer, einfach, weil es nicht möglich ist, alle anderen immer zu besiegen. Das ist es nicht, was einen Gewinner ausmacht. Wer auf andere schielt, um zu ermessen, wo er steht, bemisst sein eigenes Können anhand der Leistungen dieser anderen. Unbegrenzte Menschen vergleichen sich nicht, um festzustellen, wo sie stehen. Sie nehmen einfach wahr, wie jemand läuft oder auf welchem Stand der musikalischen Entwicklung andere sind, aber das hat nichts mit ihnen selbst zu tun. Sie sind da, wo sie sich selbst sehen, und das genügt.

Natürlich ist es in Ordnung, an Wettrennen teilzunehmen oder beim Tennis um Punkte zu spielen. Aber mach dir unbedingt klar, dass es dabei nicht darum geht, deinen Wert als Mensch zu bestimmen, sondern es wird lediglich sichtbar, wie es um dein Können auf dem jeweiligen Gebiet bestellt ist. Und wenn der Wettkampf oder das Match vorbei sind, sind sie vorbei. Wichtig ist auch, dass du Niederlagen einzustecken lernst, denn so entwickelst du dich. Aus einem Sieg ist nicht viel zu lernen. Aber wenn du verlierst oder bei irgendetwas versagst, bietet sich dir die Chance zu wachsen. Deshalb sind Misserfolge für mich kein Grund zur Sorge.

Dann gibt es noch die Befürchtung, dass man nicht mehr gemocht wird oder keine Zustimmung erfährt, wenn man sein Leben umkrempelt. Erwachte Menschen richten ihr Leben nicht nach dem aus, was andere meinen oder sagen, sie schenken dem nicht einmal groß Beachtung. Sie sagen: »Ich achte nur auf meine eigenen inneren Signale. Solange ich niemandem schade oder anderen das Recht abspreche, ihr Leben so zu führen, wie sie wollen, ist alles, was ich tue, in Ordnung.« Damit ist übrigens auch das ganze Thema der Moral abgehandelt: Dein Recht, mit den Fäusten zu fuchteln, endet da, wo es mit meinem Recht auf eine nicht deformierte Nase kollidiert. Fertig.

Wenn du dein Leben nach äußeren Motivierungen auszurichten versuchst, zum Beispiel nach dem, was andere sagen oder denken oder fühlen, wird es immer jemanden geben, dem du trotzdem nicht passt. Es ist nicht möglich, es allen immer recht zu machen, das schaffst du einfach nicht. Außerdem stammen alle großen Ideen von Neuerern, und das sind Leute, die irgendetwas einfach anders machen und sich dabei nicht groß um die Meinung der Leute scheren. Überleg mal: Wenn du es allen recht machen möchtest oder wie alle anderen zu sein versuchst, was hast du persönlich dann zu bieten? Nur das Gleiche wie die anderen.

Sei also von jetzt an du selbst. Niemand wird dich je ganz und gar verstehen, einfach, weil du einzigartig bist. Es sieht auch niemand mit deinen Augen, und deshalb kann es in deinem Leben eigentlich nur einen Boss geben, und der bist du. Ich weiß, wie die Arbeitswelt da draußen funktioniert, ich habe mein ganzes Leben in ihr zugebracht. Aber ich weiß auch, dass dieses Gesicht, das dir da im Spiegel entgegenblickt, dem Einzigen gehört, dem du alle Tage Rechenschaft abzulegen hast.

Sei risikobereit

Wenn deine gegenwärtige Arbeit dich nicht ganz befriedigt, solltest du erst einmal deine Einstellung zu dieser Tätigkeit ändern. Ein unbegrenzter Mensch, der aus irgendeinem Grund zu Einzelhaft verurteilt ist, findet einen Weg, um damit klarzukommen. Alle, die je unter grauenhaften Umständen leben mussten und überlebten, denken wir an die Insassen der Konzentrationslager, haben das irgendwie geschafft. Ein paar Grashalme oder Sonnenstrahlen, ein Stückchen Brot oder eine schöne Geschichte, die jemand erzählte – irgendwie gelang es ihnen, ganz im Augenblick zu sein und ihn auszukosten. Wenn Menschen das unter solchen Umständen möglich ist, kann ich mir beim besten Willen keinen Job vorstellen, bei dem es nicht gelingen sollte, deine Einstellung zu ihm zu ändern und ihn erträglicher zu machen. Wenn es gelingt, erhöhen sich übrigens auch deine Chancen, versetzt oder befördert zu werden und dann etwas anderes zu tun.

Falls du schon versucht hast, deine Einstellung zu ändern, aber immer noch nicht dieses so wichtige Gefühl hast, etwas Sinnvolles zu tun, dann ist es jetzt an der Zeit, etwas zu wagen. Ändere die Umstände, steig aus deinem Job aus, dein Leben wird damit nicht den Bach runtergehen. Wenn du deinen finanziellen Verpflichtungen bisher immer nachgekommen bist, dann bist du einfach so und wirst so bleiben. An dieses Ich musst du dich halten, nicht an diese andere Stimme, die dir immer gleich Katastrophen ausmalt, wenn du Veränderungen beschließt. Dieses Mark-Twain-Zitat mag ich sehr: »Ich bin ein alter Mann und habe viel Schlimmes erlebt, aber das meiste ist nie eingetreten.« Vieles von dem, was du dir als so schrecklich vorstellst, spielt sich wirklich nur in deinem Kopf ab, auch die Befürchtungen, die sofort laut werden, wenn du dir vornimmst, etwas zu wagen.

Zieh also los und versuch dich an dem, was jetzt dran ist, der neuen Stelle, der Beendigung einer Beziehung, dem Umzug in eine andere Gegend oder sogar ins Ausland – irgendetwas, was du schon immer tun wolltest. Vielleicht hast du erst einmal zu kämpfen oder verdienst weniger als vorher, aber es kann auch gut sein, dass du dich von Anfang an verbesserst. Für die meisten erweist sich das Gefühl, endlich das zu tun, wozu sie hier sind, als sehr wertvoll. Und der Wert dieses Gefühls, alle Tage das zu tun, was dir wichtig ist, lässt sich nicht beziffern.

Ich selbst bin ein Paradebeispiel für das, was ich hier erzähle. In meiner Zeit als Hochschulprofessor und Therapeut in New York habe ich eine Menge Workshops gegeben. Ich hatte eine sichere Stellung an einer großen Universität, aber der Gedanke, tagtäglich für eine Institution zu arbeiten, gab mir einfach nicht die Befriedigung, die ich mir wünschte. Ich sagte mir: »Ich mag das so nicht. Ich werde schreiben, ich werde zu den Leuten sprechen, und ich werde im Fernsehen auftreten. Ich werde das einfach schaffen.« Das sagte ich zu allen meinen Freunden und Bekannten und auch in meinen Kursen.

Oft bekam ich dann zu hören: »Das braucht die Welt am allerwenigsten, noch mehr Selbsthilfebücher und noch einen Psychologen, der uns erzählt, was wir tun sollen.« Mich irritierte das in keiner Weise. Ich schrieb *Der wunde Punkt* und fand einen Verlag, der es mit dem Buch versuchen wollte. Sie sagten mir, sie könnten mich nicht im landesweit ausstrahlenden Fernsehen unterbringen, um für das Buch zu werben, weil ich noch völlig unbekannt sei, und ich erwiderte: »Schön, dann gehe ich eben zu einem Lokalsender«, und gab mein erstes Interview tatsächlich bei einem kleinen Sender in Babylon, New York. Und wie ich in diesem Buch bereits erzählt habe, nahm ich auch jede andere Chance bei kleinen Radio- oder Fernsehstationen wahr, um die Menschen zu erreichen.

Dann hieß es vom Verlag, man werde mir keine Bücher für den Verkauf bei meinen Live-Auftritten in den von mir bereisten Ortschaften bereitstellen. »Kein Problem«, sagte ich, »dann nehme ich selbst welche mit.« Als ich erfuhr, dass sie keine zweite Auflage planten, sagte ich: »Dann schickt mir alles, was von der Erstauflage noch da ist«, und tatsächlich wurden bald darauf zweitausend Exemplare angeliefert, die ich in meiner Garage lagerte. Als schließlich die Nachricht kam, es werde definitiv keine zweite Auflage geben, konnte ich erwidern: »Nun ja, ihr habt ja nichts mehr von der Erstauflage, sie ist ausverkauft.« Sicher, ich war es, der alles aufgekauft hatte, aber vergriffen war das Buch trotzdem.

Ich hatte damals noch nicht viel Geld und musste mir einen Teil der für den Kauf der Restauflage fälligen Summe ausleihen, aber ich war eben bereit, alles Notwendige für die Verwirklichung meines Traumes zu tun, und davon bin ich nie auch nur einen Fingerbreit abgewichen. Wenn ich irgendwo im Lokalradio auftrat und die Leute mich dann fragten: »Wo können wir Ihr Buch bekommen?«, hatte ich bereits eine Liste aller örtlichen Buchläden vor mir und konnte sie nennen. Ziemlich bald gingen dann bei den Buchhandlungen Anrufe ein, in denen nach einem Buch gefragt wurde, das niemand hatte und das auch nicht lieferbar war. Dann fuhr ich dort mit einer kleinen Ladung *Der wunde Punkt* vor und konnte das Gewünschte bereitstellen. Außerdem hatte ich auch noch ein Angebot zu machen: »Möchten Sie, dass ich Ihnen ein paar Kartons von diesem Titel dalasse? Was Sie nicht verkaufen, können Sie mir zurückschicken.« Das wollten sie natürlich, und so wurde ich noch mein eigener Großhändler. Irgendwann war das Buch dann wirklich ausverkauft.

Ich bin im ganzen Land herumgefahren und habe Interviews gegeben und dabei Geld ausgegeben, das ich nicht hatte. Nach zahlreichen vergeblichen Versuchen, in der Sendung *The Tonight Show* aufzutreten, kam schließlich ein Anruf, und ich wurde eingeladen. Von da an lief das Buch wie geschmiert.

Und was bekam ich in der ganzen Zeit immer wieder zu hören? »Mann, da hast du aber Glück gehabt und den richtigen Moment erwischt.« Niemand ahnte, wie viel Arbeit in diesem »Glücksfall« steckte.

Als ich 1976 eine sichere lebenslange Festanstellung an der Uni kündigte und auf die damit verbundene äußere Sicherheit verzichtete, um überall im Land über wunde Punkte zu sprechen, hielten mich alle für verrückt. Aber ich habe nie etwas auf die Meinungen anderer gegeben, sondern immer auf das gehört, was ich selbst bin. Meine inneren Signale sagten mir einfach, dass ich genau das zu tun hatte, und davon war ich nicht abzubringen.

Wie schon gesagt, das Schreiben war einfach ganz und gar meine Sache, ich hätte gar nicht damit aufhören können. Ich liebe diese Arbeit, unabhängig davon, ob sich meine Bücher verkaufen oder nicht. Es ist eine Arbeit, die mich erfüllt, weil ich weiß, dass ich unauslöschliche Spuren hinterlasse.

Und die Ironie an der Sache: Als ich endlich das Professorendasein hinter mir ließ und das tat, was ich gern tat und woran ich wirklich glaubte, verdiente ich schon im ersten Jahr mehr Geld als in den ganzen fünfunddreißig Jahren zuvor. Du hörst richtig, ich habe in einem einzigen Jahr mehr Geld verdient als in meinem ganzen Leben bis dahin, und das nicht, weil ich Glück oder besondere Chancen gehabt hätte. Ich bekam nicht mehr Chancen als irgendein anderer, sondern sogar weniger. Ich kam aus tiefster Armut, hatte viele Jahre in Waisenhäusern und Kinderheimen zugebracht und musste mir alles selbst erarbeiten. Nein, ich folgte einfach zuversichtlich meinen Träumen und lebte das Leben, das ich mir vorgestellt hatte.

Lieben, was man tut, und tun, was man liebt

Unlängst sprach ich mit jemandem, der seit neunundzwanzig Jahren in einer Fabrik in Indiana arbeitete. Seine wahre Liebe, erzählte er, sei seine Apfelplantage mit dreihundert Bäumen. Er wusste alles über die verschiedenen Sorten, wie viel Wasser und welchen Standort sie brauchten, wann ihre Erntezeit war, welche Spritzmittel er bedenkenlos verwenden konnte und welche nicht. Die Äpfel waren sein Ein und Alles, aber 99 Prozent seiner Zeit verbrachte er mit einer Arbeit, die er nicht mochte.

Ich sagte: »Ihr Obstgarten ist Ihr ganzes Glück, nicht?« Er strahlte übers ganze Gesicht. »Ah, es ist einfach wunderbar, wenn ich da draußen bin, da fühle ich mich wie Gott.«

»Könnte es nicht auch so gehen, dass Sie diese andere Sache gar nicht mehr machen müssen?«, fragte ich. »Dann könnten Sie sich selbst treu sein und müssten nicht ständig daran denken, wie sehr Ihnen diese Arbeit zuwider ist.«

»Wow, ich hab noch nie daran gedacht, mit den Äpfeln meinen ganzen Lebensunterhalt zu verdienen.«

»Irgendwer kauft die Äpfel doch, Apfelmus und Apfelkuchen werden immer gebraucht«, gab ich zurück. »Wenn Sie wissen, was Sie glücklich macht, geht es doch nur noch darum, ein bisschen risikobereit zu sein. Also, woran hapert es? Was hält Sie ab? Wollen Sie es nicht ausprobieren?«

Im Grunde wollte ich diesem Mann sagen: Du musst lieben, was du tust, und du musst tun, was du liebst. Das steht jedem frei. Ich glaube nicht, dass es übermäßig wichtig ist, was man tut. Aber wenn es einem nicht liegt, hat man durchaus andere Möglichkeiten. Die erste dieser Möglichkeiten besteht darin, Joseph Campbell zu folgen, von dem der berühmte Ausspruch »Folge deinem Glück« stammt.

Wenn du kein Risiko eingehen möchtest, kannst du deine Haltung ändern. Dieser Mann mit seinen Apfelbäumen könnte sich zum Beispiel überlegen: »Na gut, dann arbeite ich von jetzt an nur noch fünf oder sechs Stunden in der Fabrik und kann danach gleich zu meinen Apfelbäumen zurück.« In diese

Richtung bewegte er sich ohnehin schon, weil er versuchte, seinen Fließbandjob nicht mehr so negativ zu sehen.

Jeder kann sich ändern, auch wenn es sich zuerst vielleicht unbehaglich anfühlt. Du wirst sehen: Die Leute, denen du wichtig bist, werden dich darin unterstützen, dass du deinen inneren Signalen folgst und das tust, was du wirklich tun möchtest und tun musst. Du wirst auch sehen, dass du mit weniger Geld auskommst, wenn nur dafür gesorgt ist, dass deine Arbeit dir Freude macht. Dass man für ein glückliches Leben viel Geld und eine Menge Dinge braucht, ist ein Märchen.

Erfolg bleibt dir verwehrt, solange du keine Risiken eingehst und einfach das weitermachst, was du immer gemacht hast. Davon hast du nichts – oder allenfalls den zweifelhaften Vorteil, Gründe für deine jämmerliche Lage angeben zu können. Das ist ungefähr so, als würde man Gründe für seine Beschränktheit angeben. Damit engt man sich nur noch mehr ein.

Ich glaube nicht, dass Risikobereitschaft wirklich riskant ist, schon gar nicht, wenn es darum geht, das zu tun, was du liebst. Wenn du den Erfolg schon innerlich vor Augen hast und an ihn glaubst und keine anderen Gedanken und Bilder dazwischenkommen lässt, wird deine Intention genauso abgespeichert, als würdest du zupackend an ihrer Verwirklichung arbeiten. Lass dich von diesem Bild leiten und halte stur an ihm fest, dann kann es gar nicht sein, dass es nicht Realität wird. Das ist ein universelles Gesetz.

Wenn du jedes Hindernis als die Chance sehen kannst, auf all das aufmerksam zu werden, was du noch ändern oder anpassen musst, sind Risiken nach einer Weile keine Risiken mehr. Sie fühlen sich nur riskant an, wenn man den Weg gerade erst einschlägt und noch kein so genaues Gefühl dafür hat, wie einfach und perfekt alles eigentlich ist. Je weiter man auf dem Weg vorankommt, desto weniger Risiken gibt es. Bist du schließlich ein unbegrenzter Mensch geworden, kommt es nicht mehr darauf an, ob dich Misserfolge erwarten, ob jemand etwas an deinem Tun auszusetzen hat oder ob es als »passend« empfunden wird. All das ist bedeutungslos geworden, und es wird leichter, einfach das zu sein, was du bist und sein musst.

Wenn du etwas wirklich möchtest, ist es das Klügste, dabei zu bleiben, auch wenn manches unsicher erscheinen mag. Der Weg voraus mag noch nicht zu überblicken sein, aber du musst dir trotzdem gut zureden, deine Schritte auf ihm zu setzen.

Just do it ist dein Motto dabei, und zwar mit Betonung auf *tun*. Wenn ein Kugelschreiber zwischen uns auf dem Tisch liegt und ich zu dir sage: »Schön, jetzt versuch mal, diesen Kugelschreiber zu nehmen«, was passiert dann? Du nimmst ihn – ohne es erst zu versuchen.

Alles Versuchen wäre in diesem Fall ein Nicht-Nehmen des Stifts. Er liegt noch da. Aber wenn du ihn nimmst, ist er in der Luft. Versuchen ist eine Erfindung. Auf das Tun kommt es an. Wenn du dich aufraffst und das tust, was du liebst, folgst du deinem Lebensauftrag.

Sei ein Anfänger, lass das Neue ein

Eine alte buddhistische Lehrgeschichte erzählt von einem Buddhismusforscher, der bei einem weisen alten Zen-Meister zu Besuch war und diesen mit seinen Kenntnissen zu beeindrucken versuchte. Er redete und redete. Irgendwann fragte ihn der Meister:

»Darf ich Euch eine Schale Tee anbieten?«

»Aber ja, gern.«

Der Meister stellte eine Teeschale auf einem Untersetzer vor ihn hin und begann einzuschenken, während der Gelehrte weiter dozierte. Bald war die Schale voll, doch der Meister goss weiter, während sein Gast weiterredete. Die Schale lief über, dann der Untersetzer, und zuletzt ergoss sich der Tee über den Tisch und von da auf den Boden.

»Halt, halt«, rief der Gelehrte, »die Schale ist doch längst voll!«

Der Meister sagte: »Ihr seid wie die Schale. So randvoll mit Euren Kenntnissen, dass Ihr nichts Neues aufnehmen könnt.«

Sind wir nicht auch oft wie solch eine Teeschale: so angefüllt mit allem Gelernten, dass kein Platz mehr für anderes ist? Es rinnt alles nur so an uns vorbei. Wenn wir die Metapher auf uns selbst anwenden, ist unschwer zu erkennen, dass der Anfängergeist unzählige Möglichkeiten sieht, das Expertentum dagegen nur eine oder zwei.

Wer sein Glück finden möchte, braucht den Blick des Anfängers, nicht den des Experten. Stell dir vor, du möchtest lernen, Tennis zu spielen. Dein Trainer drückt dir einen Schläger in die

Hand und sagt: »Hier, jetzt probierst du mal einen Stoppball«, und dann macht er es dir vor. Als Anfänger würdest du das gern aufgreifen und es auf alle möglichen Arten probieren.

Verlangt man das Gleiche von einem, der schon spielen kann, kann er den Stoppball meist nur auf eine einzige Art spielen – und das ist nicht nur beim Tennis so, sondern im Geschäftsleben, in Beziehungen und in allen anderen Lebensbereichen. Sieh zu, dass du auf deinem Weg ein Anfänger bleibst. Man kann so ganz und gar mit seinen Kenntnissen und seinem Können angefüllt sein, dass man nichts anderes mehr gelten lassen kann und es nur noch abqualifiziert oder gar nicht erst zur Kenntnis nimmt. Dann findet man in sich keinen Platz mehr für Neues und anderes, für spannende Dinge, an denen man wächst.

Hüte dich also vor Expertentum, auch vor deinem eigenen, es beschneidet deine Möglichkeiten. Und wie soll deine Lebensaufgabe dich unter diesen Umständen finden? Du bist dann wie eine verstopfte Ader, durch die kein Blut mehr fließen kann. Diese Verstopfung gilt es zu beseitigen, und dazu musst du dich öffnen, deine Schritte selbstbewusst setzen und das tun, was dir sinnvoll erscheint, dich befriedigt und für andere Nutzen stiftet.

In der *Bhagavadgita* heißt es sinngemäß: Besser, du tust deine ureigene Arbeit unvollkommen als die eines anderen perfekt. Viele, vor allem im Westen, haben das noch nicht verstanden. Es geht letztlich darum, das zu tun, was dich glücklich macht oder was du tun musst, und dich nicht von der Verwirklichung deiner Träume abbringen zu lassen. Nichts ist für dich erhellender oder förderlicher, auch wenn du darin weniger gut bist als andere oder es nicht so machst, wie sie es für richtig halten. Am Ende haben andere viel mehr davon, wenn du bei deiner eigenen Arbeit glücklich bist.

Und wie gesagt: *Du bist, was du denkst.* Es ist ganz wichtig, sich daran immer wieder zu erinnern.

Wenn du selbst mit dir im Einklang bist, hast du Harmonie zu geben. Es wird ganz klar, was du tun musst und weshalb. Du könntest es gar nicht lassen. Tust du jedoch das, was andere von dir erwarten, wirst du, auch wenn du deine Arbeit sehr gut machst, innerlich voller Missklang, Widerwillen und Ablehnung sein. Du wirst entsprechende Gedanken haben und zunehmend so werden. Wirklich du selbst kannst du nur sein, wenn du dem folgst, was dich glücklich macht.

Mit ist das bei all den vielen Jobs so ergangen, die ich im Lauf der Jahre gehabt habe. Erst als ich aus allem ausstieg und nur noch das tat, was ich mit Begeisterung tat, fühlte ich mich ganz einig mit mir. Denken und Fühlen, Herz, Geist und Seele waren jetzt auf Glück eingestellt, und ich fühlte Harmonie in mir.

Das glückliche Leben und das praktische Leben

Immer wieder werde ich gefragt: »Wie geht das praktisch, seinem Glück zu folgen und dabei auch noch den Ansprüchen der Welt gerecht zu werden – Hypotheken, Versicherungen, Lebenshaltungskosten und so weiter?« Ich sage dann: »Denk

Fülle, und Fülle wird in deinem Leben sein.« Dafür spielt natürlich auch noch eine Rolle, wie stark du an deiner Lebensweise hängst und wie sehr du von deinen Zahlungsverpflichtungen überzeugt bist

Als sich Thoreau für zwei Jahre in seine Hütte am Walden Pond in Massachusetts zurückzog, schrieb er: »Einfachheit, Einfachheit, Einfachheit! Lass deine Geschäfte zwei oder drei sein, sage ich dir, und nicht hundert oder tausend.« Du hast die Freiheit, es auch so zu halten. Sieh zu, wie du den Ausgabendruck irgendwie reduzierst. Einfachheit ist nicht schwierig, auch wenn die Rückkehr dir anfangs so erscheinen mag. Denk einfach zurück an frühere Zeiten, in denen du vieles selbst gemacht hast und nicht Leute kommen lassen musstest, die es für dich erledigen sollten. Das ist eine der Möglichkeiten, auf die ich selbst in letzter Zeit immer häufiger zurückgreife.

Außerdem kannst du dir sagen, dass du dein jetziges Einkommen auch mit der Arbeit erwirtschaften kannst, die dich wirklich befriedigen und glücklich machen würde. Glaub einfach daran und setz alles auf diese Karte. Ob du deinen Zahlungsverpflichtungen wirst nachkommen können, sagt eigentlich schon deine bisherige Geschichte. Wenn du immer ein Mensch warst, der seine Rechnungen bezahlt hat, wird das nicht plötzlich anders sein. Aber wenn du es mit deinen Rechnungen bisher nicht so genau genommen hast, wirst du wahrscheinlich auch dann nicht gewissenhaft zahlen, wenn du deinem Glück folgst.

Viele, die sich als Menschen von hoher Zahlungsmoral kennen, bekommen beim Gedanken an mögliche berufliche

Veränderungen plötzlich doch Bedenken und sind voller Befürchtungen. Sie bauen nicht auf ihre bisher bewiesene Zuverlässigkeit, sondern haben Schreckensbilder vor Augen, die besagen: »Vielleicht werde ich dazu nicht mehr so wie früher in der Lage sein.«

Bei Menschen von schlechter Zahlungsmoral habe ich immer wieder festgestellt, dass es nicht davon abhängt, ob sie ihre Arbeit mögen oder nicht. Sie haben sich einfach angewöhnt, so zu sein. Sie blenden ihre Rechnungen aus, und das nicht nur in jungen Jahren, sondern auch später. Wenn ihnen dann das Geld ausgeht oder die Rente nicht reicht, machen sie die Umstände oder eine Pechsträhne oder sonst irgendetwas dafür verantwortlich. In der gleichen Weise bleiben aber auch gewissenhafte Menschen so, wie sie schon immer waren.

Von meiner Lektüre über Gandhis Leben ist mir noch sehr deutlich in Erinnerung, was er einmal sagte, als er von Reportern um eine kurze Zusammenfassung seiner Philosophie gebeten wurde. Seine Antwort war ein Zitat aus den *Upanischaden:* »Entsage und sei froh.« Damit meinte er nicht, man solle seine Arbeit aufgeben, sondern es ging darum, nicht an bestimmten Ergebnissen zu haften und einfach Freude an ihr zu haben. *Follow your bliss* bedeutet das Gleiche, aber worin dein Glück besteht, weißt du erst, wenn du die »Verstopfungen« beseitigt hast, die dich nicht dein eigenes Leben finden lassen.

Schau nach innen

Viele meinen, seinem Glück nachzugehen gehöre zu den Dingen, die »leichter gesagt als getan« sind. Meine Antwort darauf lautet: Schwierig ist nur das, was man für schwierig hält. Jedes Problem, dem du als Mensch gegenüberstehst, sei es im beruflichen Bereich, in deinen Beziehungen, in finanziellen Dingen oder in der Spiritualität, liegt in dir. Ein tropfender Wasserhahn ist wirklich nur das: ein tropfender Wasserhahn. Eine Steuerprüfung ist einfach eine Steuerprüfung und sonst nichts. Wenn deine Kinder in Mathe durchfallen, dann fallen sie in Mathe durch, fertig.

Wenn so etwas für dich zum Problem wird, dann nur deshalb, weil du es mit deinen Gedanken dazu machst. Nur so kann irgendetwas zu *deinem* Problem werden: durch deine Gedanken. Jedes einzelne deiner Probleme besteht aus Gedanken. Du trägst es mit dir herum, du denkst darüber nach, du gehst mit ihm schlafen oder was auch immer, und bei allem bleibt es etwas in diesem unsichtbaren Teil deiner selbst, deinem Denken.

Wenn du akzeptieren kannst, dass das Problem in deiner Art zu denken besteht, ergibt sich wie von selbst die Frage: »Und wo liegt die Lösung?« Wenn du meinst, die Lösung liege darin, dass der Wasserhahn nicht mehr tropft oder deine Kinder plötzlich Einser in Mathe schreiben und das Finanzamt dich nicht prüft, sondern dich mit einer Rückzahlung beglückt, bist du in einer Illusion gefangen.

Es ist nämlich so, dass nicht nur alle Probleme in deinem

Denken liegen, sondern auch alle Lösungen. Deshalb fasst du am besten gleich jetzt den Entschluss, Lösungen für in dir selbst liegende Probleme nicht außerhalb deiner selbst zu suchen.

Dazu jetzt die immer wieder gern erzählte Geschichte von dem Mann, der seinen Schlüsselbund verloren hat und im Schein einer Straßenlaterne vor seinem Haus danach sucht. Nach einer Weile kommt ein Freund und bietet sich an, bei der Suche zu helfen. Da der Erfolg ausbleibt, fragt er nach einer Weile: »Wo hast du den Schlüssel denn verloren?«

»Im Haus irgendwo.«

»Aber weshalb suchst du ihn denn dann hier draußen?«

»Weil hier wenigstens Licht ist.«

Diese Logik ist nicht sehr erfolgversprechend, nicht wahr? Das gilt auch für die Suche nach Lösungen außerhalb deiner selbst, also da, wo sie unmöglich sein können. Mag sein, dass außerhalb mehr Licht ist, aber das Verfahren ist trotzdem aussichtslos. Wenn du Probleme hast, liegt das an deinem Denken. Du bekommst sie nur dann in den Griff, wenn du umdenkst und innen nach Lösungen Ausschau hältst. Wenn das Finanzamt sagt, dass du doch nicht geprüft wirst, sondern sogar noch Geld zurückbekommst, liegt die Lösung nicht in diesem Umstand, sondern darin, dass du innerlich anders mit der Sache umgegangen bist. Ich weiß, das ist nicht ganz einfach zu akzeptieren, aber tatsächlich ist es immer so: Die Lösung des Problems liegt in deinem Denken.

Um dein Glück zu finden, musst du das erst einmal überhaupt für möglich halten. Wenn du es nicht glauben kannst, sondern davon ausgehst, dass sich deine Lebensumstände immer so fügen werden, dass du einfach nicht tun kannst, was du gern tust, oder nicht gern tun kannst, was du tust, wirst du genau das immer wieder antreffen. Dann kannst du die Lektüre eigentlich hier beenden und das Buch weglegen, jedenfalls kannst du dich nicht auf die Jagd nach deinem Glück machen, solange du annimmst, dass ich das zwar behaupten kann, du es aber nicht umzusetzen vermagst.

Sag dir immer wieder: »Auch unter den gegebenen Umständen kann ich mein Glück darin finden, etwas zu tun, was ich gern tue, und gern zu tun, was ich tue. Ich schaffe das.« Wenn du es bisher nicht ernsthaft versucht hast, lag dieses Problem in dir – und genauso liegt die Lösung jetzt in dir. Sieh dich nicht außen nach Dingen um, die du ändern kannst, um glücklicher zu werden.

Hier nun drei wichtige Punkte, die es im Blick zu haben gilt:

Du musst glauben, dass es dir möglich ist, deinem Glück zu folgen. Führ dir vor Augen, was deiner Meinung nach dagegenspricht. Was hält dich davon ab, unabhängig von Erfolg und Misserfolg das zu tun, was du gern tust, und gern zu tun, was du tust?

Bei einer Umfrage würden 999 von 1000 Leuten sagen: »Es ist nicht praktikabel. Bei mir geht das nicht. Ich habe mich vor langer Zeit für das entschieden, was ich jetzt tue. Dabei muss ich bleiben, auch wenn es keinen Spaß mehr macht. Meine Familie wird die Umstellung nicht unterstützen, die Sache ist zu riskant.«

Wenn ich in meinem eigenen Leben auf die Zeit zurückblicke, in der ich noch nicht meiner Berufung folgte, springt eins ins Auge: Ich leistete als Professor und Berater ordentliche Arbeit, aber es war die Arbeit anderer und nicht meine ganz eigene, die darin bestanden hätte, meine Leidenschaft zu leben, mich allein durchzuschlagen und zu schreiben.

So fuhr ich stur jeden Tag zur Arbeit und wieder nach Hause. Das Leben war Routine geworden, stumpfsinnig, und entsprach überhaupt nicht meinem schöpferischen Drang. Wenn man schließlich den richtigen Weg einschlägt, kommt irgendwann die Zeit, wo man es nicht länger erträgt, eine ungeliebte Arbeit zu verrichten. Natürlich gibt es Menschen, denen Routine nichts ausmacht. Sie tun immer und immer wieder das Gleiche, um sich irgendwann die goldene Uhr oder sonst irgendetwas leisten zu können. Für mich war das nichts.

Ich begann mir auszumalen, wie ein glückliches Leben aussehen könnte. Ich sah bildlich vor mir, wie ich mich am Morgen nach dem Aufstehen nicht für den Weg zur Arbeit fertig machte, sondern im Schlafanzug gleich an die Schreibmaschine setzte – dieses Bild liebte ich ganz besonders: gleich mit dem zu beginnen, was ich aus freien Stücken wirklich gern tat. Ich visualisierte den ganzen Ablauf, wie ich da nach meinem eigenen Zeitplan schrieb und meine Ideen in die Welt brachte. Wenn man sein Denken und seine bildhaften Vorstellungen ändert, bewegen sie sich schließlich in Richtung Realisierung. Endlich gestand ich mir zu, in dem Traum zu leben, den ich schon so lange geträumt hatte.

Einstweilen musste ich noch täglich zur Arbeit und zurück

fahren, aber es wurde mir alles immer fremder. Dann kam der Tag, an dem es mir reichte. Ich fuhr zur Uni, ging schnurstracks ins Büro des Dekans und gab meinen Ausstieg bekannt. Obwohl ich eine vielversprechende Zukunft als Professor vor mir hatte, brachte ich es nicht länger über mich, bei dieser Arbeit zu bleiben. Wir einigten uns darauf, dass ich zum Semesterende ausscheiden würde.

Auf dem Heimweg war ich in tiefem Frieden über diese Entscheidung. Sogar der Verkehr war an diesem Tag anders, der Himmel war anders, mein Wagen wirkte anders. Ich war aufgeregt und voller Freude darüber, dass ich jetzt die Freiheit leben würde, von der ich immer geträumt hatte. Es ging wirklich nicht ums Geld. Es war ein Wagnis, und als ich anfing, mir die Risiken vor Augen zu führen, sagte ich mir: »Ich komme damit zurecht.«

Es besteht kein Mangel an Möglichkeiten, deinen Lebensunterhalt mit dem zu verdienen, was du gern tust. Wenn es an etwas mangelt, dann an dem Mumm, dich dafür einzusetzen. Mach dir klar: Egal, was du vorhast und gern tust, es gibt da draußen irgendwo Leute, die bereits davon leben können. Wenn die Entschlusskraft nicht da ist, sind Ängste der Grund dafür: »Wahrscheinlich schaffe ich das nicht, das wird bestimmt nichts, die Leute werden mich auslachen.«

Erinnere dich, dass die Meinungen der Leute einfach Meinungen sind. Du musst es dahin bringen, dass deine treibende Kraft sich nicht mehr an dem orientiert, was andere sagen oder nicht sagen. Führe dein Leben nach deinen eigenen Maßstäben und lass dir von niemandem hineinreden. Wenn du Missbilligung als das ansiehst, was sie ist, wirst du sie nicht mehr fürchten. Die Billigung oder Missbilligung anderer sagt nichts über dich, aber alles über diese anderen.

Auf dem Weg der Erleuchtung gibt es kein Versagen, denn alles führt zu etwas, und es kommt nur darauf an, was du daraus machst. Wenn du einen Golfball abschlägst und er irgendwo in die Gegend eiert, ist das kein Fehlschlag, denn irgendetwas ergibt sich daraus.

Du kannst mit dem Ergebnis dieses Schlags so oder so umgehen. Du kannst sagen: »Na bitte, ich wusste, ich würde nicht treffen. Ich bin eben unsportlich, das war ich schon immer« – und dann nie wieder einen Schläger anfassen. Oder du sagst: »Warte, ich versuch's noch mal. Sieh dir an, wie der Schwung diesmal wird.« Und dann übst du und versuchst es immer wieder. Das ist der Stoff, aus dem Cracks gemacht sind.

Nichts ist einfach ein Versagen. Mit allem produzierst du irgendein Ergebnis.

Wenn du bei dem bleiben willst, was du tust, kannst du jeden Tag üben, es gern zu tun. Es kann auch sein, dass du deine Arbeit nicht aufgeben möchtest, und das ist in vielen Fällen durchaus klug. Es kann absolut vernünftig sein, diese Entscheidung zu treffen.

Hier ein wunderbarer Zen-Spruch zu diesem Thema: »Vor der Erleuchtung Holz hacken und Wasser tragen, nach der Erleuchtung Holz hacken und Wasser tragen.« Erleuchtung hat nichts damit zu tun, ob du Holz hackst oder Wasser trägst. Wir alle hacken in irgendeiner Form Holz und tragen Wasser. Die Erleuchteten unter uns wissen, wie sie das, was zu tun ist, einfach anders betrachten können.

Wenn du deine Tätigkeit nicht ändern möchtest, um deinem Glück zu folgen, dann ändere deine Haltung zu dem, was du tust. Solltest du aber jeden Tag mit dem Gedanken zur Arbeit gehen, wie sehr deine Tätigkeit dir widerstrebt, musst du wissen, dass das, woran du vorwiegend denkst, zunimmt – in diesem Fall dein Widerwille.

Um deinem Glück zu folgen, musst du dich in deine Tätigkeit verlieben, dann kannst du diese Liebe für dich arbeiten lassen. Du verkaufst nicht deine Arbeit, du verkaufst nicht ein Produkt. Du verliebst dich in dein Tun, wie du dich in einen Menschen verliebst oder wie du deine Kinder liebst, und was dann dein Einkommen erwirtschaftet, ist deine Liebe zu dem, was du tust. Du lässt deine Begeisterung, deine Freude, deine Befriedigung für dich arbeiten, dieses köstliche, gelassene, liebende und friedvolle Gefühl gegenüber deiner Arbeit.

So jedenfalls mache ich es. Ich ziehe nicht los und verkaufe Bücher. Ich liebe das, was ich da schreibe, und *das* verkaufe ich. Ich verkaufe Begeisterung, Engagement, dieses Gefühl, etwas zu bewirken. Wenn du Liebe und Begeisterung zu bieten hast, spielt es keine Rolle, was du produzierst. Wenn du Zahnarzt bist und deine Arbeit liebst, ist eigentlich Liebe das, was du verkaufst, und deine Praxis wird voller liebevoller Begeisterung sein. Die Leute werden gern zur Zahnreinigung zu dir kommen. Genauso, wenn du mit echter Begeisterung irgendwelche kleinen Dinge verkaufst und dabei wirklich engagiert bist, werden die Leute einfach kommen, weil sie diese Liebe um sich haben möchten. Du verkaufst Liebe.

Angenommen, du verrichtest eine Arbeit, die für dich nur noch Routine ist, aber du hast dich entschlossen dabeizubleiben, weil du nur noch zehn Jahre bis zum Eintritt in den Ruhestand hast. In so einem Fall geht es dann darum, deine Einstellung zu ändern und an deinem Job irgendetwas zu finden, was sich für dich spannend und interessant anfühlt. Geh auf keinen Fall jeden Tag mit dem Gedanken hin, dass die Arbeit dich anödet. Sag dir lieber: »Mit dieser Sache hier verdiene ich mein Geld. Ich produziere etwas, und viele Menschen haben einen Nutzen davon.«

Falls du am Fließband arbeitest und nur an bestimmten Stellen Schrauben anzubringen hast, tu dies mit all deiner Konzentration und engagierten Begeisterung, schließlich weißt du, dass die von dir angebrachten Schrauben vielleicht über Leben und Tod entscheiden, Grund genug, deine ganze Liebe hineinzulegen. Gönn dir gute Gefühle bei dieser Arbeit, als wäre sie das, was du wirklich tun möchtest. Kurz, es bestehen hier nur zwei Möglichkeiten: Entweder beendest du deine gegenwärtige Tätigkeit und fängst etwas Neues an, oder du betrachtest einfach deine jetzige Tätigkeit anders und suchst etwas, was gut an ihr ist. Das steht dir bei jeder Arbeit und Tätigkeit frei.

Für und Wider

Hier ein sehr einfacher Grundsatz: Alles, gegen das du bist, schwächt dich, alles, für das du bist, macht dich stark. Wenn du gegen etwas eingestellt bist, kannst du umdenken und das in den Vordergrund stellen, *wofür* du bist. Am besten ist es, wenn du gegen gar nichts mehr bist. Wenn du etwas gegen deine Arbeitsbedingungen hast und ständig über Leute redest, die dir auf die Nerven gehen, oder über Verhaltensweisen, an denen du Anstoß nimmst, sieh zu, ob du das nicht einfach unterbrechen kannst. Vergiss nicht, dass alles Dagegen dich schwächt, und du möchtest ja bei dem bleiben, was dich glücklich macht.

Wenn dein Chef sich dir gegenüber übellaunig und widerwärtig zeigt oder dich beschimpft und du innerlich in Widerstand gehst, wirst du selbst ebenfalls so. Aber natürlich möchtest du nicht so sein, und deshalb musst du dir jetzt überlegen, wie du die Sache anders betrachten kannst, und zwar so, dass du Vorteile daraus ziehst. Die Frage lautet also: *Wofür* bist du?

Eine harmonische Beziehung zu diesem Menschen, dafür bist du. Und so ungefähr könnte dein Gedankengang aussehen: »Dafür bin ich, und ich werde so eine Beziehung herstellen, denn sein Verhalten ist eigentlich nicht das, was mich aufregt. Das Problem liegt eher darin, wie ich sein Verhalten auffasse, und ich werde es einfach anders auffassen. Sein Verhalten sagt etwas über ihn aus, nämlich, wo er gerade steht. Sein Verhalten ist wirklich einfach seins. Ich werde es nicht mehr so auslegen, dass es mich gegen ihn aufbringt. Ich werde etwas unternehmen, um sein fieses Verhalten zu entschärfen. Ich werde ihm zeigen, dass er mir damit nichts mehr anhaben kann. Ich bin nämlich *für* Harmonie in dieser Beziehung. Davon lasse ich mich nicht mehr abbringen. Und das Konfliktpotenzial nutze ich einfach, um zu lernen, wie ich darüber hinwegkommen kann.«

Behalte stets im Sinn, wofür du bist. Und wenn dein Chef sich wieder mal danebenbenimmt, lässt du dich nicht in Ärger, Hass und Bitterkeit hineinziehen, sondern rufst dir in Erinnerung, wofür du bist, nämlich für Harmonie. Und dann überlegst du dir, wie du diesem Kerl ein bisschen Harmonie schicken kannst.

Hast du schon mal versucht, mit jemandem Streit anzufangen, der keinen Streit will? Das ist wirklich nicht einfach. Man hat seine liebe Not, jemanden in ein Streitgespräch zu verwickeln, der nicht zu kontroversen Diskussionen aufgelegt ist. So jemand wirst du für deinen Chef, wenn du dich auf das besinnst, *wofür* du bist. Du gewinnst dadurch an Stärke. Du machst aus einer anstrengenden und ärgerlichen Beziehung eine, an der beide Seiten Freude haben. Das kannst du in wenigen Tagen erreichen, und das ist auch für deinen Chef ein Geschenk.

Immer wenn dieses innere Umschwenken dir schwerfällt, sollte das dein Signal sein, es erst recht zu tun. Und wenn es gelingt, weißt du, dass du den Schritt vom Wider zum Für tatsächlich geschafft hast. Es wird dich glücklich machen.

Tagebuchübung

Bei der Lektüre der letzten beiden Kapitel hast du dich vielleicht gefragt: »Wie erkenne ich, was mein Glück ist? Falls dem so ist, musst du erst einmal klären, worin es *nicht* besteht. Dem dritten Teil dieses Buchs habe ich als Motto ein Zitat von Oprah Winfrey vorangestellt. So geht dieses Zitat weiter:

»Wie erkennst du, ob du auf dem richtigen Weg bist? Na, genauso, wie du erkennst, dass du auf dem falschen Weg bist: Du spürst es. An jeden von uns ergeht ein persönlicher Aufruf zur Größe, und da er für jeden von uns so einzigartig ist wie unser Fingerabdruck, kann niemand außer dir wissen, worin er besteht.

Dein Leben spricht jeden Tag und ständig zu dir, und du hast die Aufgabe, genau hinzuhören und deine Stichworte nicht zu verpassen. Die Leidenschaft flüstert dir in deinen Gefühlen etwas zu und möchte dich so in die Richtung deiner höchsten Erfüllung lenken. Achte auf alles, was du anregend findest, was dir Kraft und Verbundenheit schenkt und dich in Schwung bringt. Tu das, was du wirklich gern tust, und gib es durch dein Dienen zurück. Was dich hier erwartet, ist nicht einfach Erfolg, sondern Triumph.«

Mach dir bewusst, wie diese Worte auf dich wirken, und schreib es auf. Wenn dein Leben mit dir spricht, was sagt es?

11

Den eigenen Garten bestellen

Einmal kam ich von der Schule nach Hause und fragte meine Mutter: »Mama, was ist ein Görenlied?«

»Keine Ahnung«, sagte sie. »Wo hast du das denn her?«

»Also, die Lehrerin hat gesagt, dass Wayne Dyer ein Görenlied ist.«

Meine Mutter rief die Lehrerin an, und die erklärte: »Nein, das habe ich nicht gesagt. Ich sagte, er sei ein Störenfried im Unterricht.«

Ja, ich war immer dieses Görenlied. In einem Brief von E. E. Cummings findet sich diese wunderbare Stelle, die mir wirklich aus der Seele spricht: »Ganz du selbst zu sein in einer Welt, die Tag und Nacht alles daransetzt, dich allen anderen gleichzumachen, das ist der schwerste Kampf, den ein Mensch auf sich nehmen kann und der nie endet.«

Das bringt meine eigene Überzeugung nahezu perfekt auf den Punkt. Es geht darum, einfach so zu sein, wie du sein möchtest, ohne dich von irgendwem manipulieren zu lassen. Darin liegt vielleicht die größte Freiheit überhaupt: dich eben *nicht* einzufügen und *nicht* das zu tun, was alle anderen für richtig halten. Viele meinen ja, Freiheit habe etwas mit äußeren Dingen zu tun, mit viel Geld, mit Anerkennung und Bewunderung, mit Siegen beim Tennis oder sonst irgendetwas – mit all den Dingen, die als Zeichen des Erfolgs gelten. Aber wir wissen inzwischen, dass sie nicht viel mit Erfolg zu tun haben.

Glück liegt in dir, auch das haben wir schon gesagt. Man kann es sich nicht verschaffen. Wer es sucht, findet es nicht. Sicher hast du schon mal gehört, dass du dich überallhin mitnimmst, wohin du auch gehen magst. Du musst immer irgendwie mit dir selbst klarkommen, und das kann nur heißen, dass du dich ausschließlich nach deinen eigenen inneren Signalen richtest.

Ich könnte mir vorstellen, dass manche meinen, in Büchern wie meinen werde den Leuten zu Egoismus geraten. Das ist aber das Letzte, was ich empfehlen würde, und es entspricht auch nicht im Geringsten meiner eigenen Lebensweise. Ich bin nicht dafür, egoistisch zu sein oder andere auszunutzen. Dann würde ich ja Bücher über Selbstverwirklichung auf Kosten anderer schreiben. Ich glaube einfach nicht an so etwas.

Aus meiner Sicht ist nichts wichtiger als Lebensfreude. Und Menschen, die froh sind, die es schaffen, jeden Tag zu nehmen, wie er kommt, und ihn mit Freude zu erleben, neigen nach meiner Erfahrung ganz und gar nicht zu Egoismus.

Wer das Leben genießt und aus allen seinen Wechselfällen etwas Gutes zu machen versteht, sich nicht hängen lässt und anderen nicht zur Last fällt, der ist für mich ein erleuchteter Mensch. Bei solchen Menschen erlebt man nicht, dass sie andere manipulieren oder ihr eigenes Leben opfern, um es anderen recht zu machen, oder dass sie mit der Frage beschäftigt sind, was andere von ihnen denken mögen – nichts dergleichen.

Ich halte es für sehr wichtig, sich über diesen Punkt Klarheit zu verschaffen: Wenn du dich dazu bringen kannst, jeden Tag mit Freude zu erleben, wirst du niemandem je zur Last fallen. Du wüsstest nicht einmal, wie du es anstellen sollst, jemandem Kummer oder Sorgen zu bereiten. In deiner Lebensfreude bist du für andere ein Licht und tust etwas ganz Selbstloses, ohne es eigens darauf anzulegen. Du lebst vor, was es heißt, ein unbegrenzter Mensch zu sein, und das ist für andere eine Hilfe.

Leben und leben lassen

Wie gesagt, erwachte Menschen sind auf Lösungen aus, nie auf Probleme. Sie sagen sich immer: »Gut, so liegen die Dinge jetzt. Schauen wir mal, was wir tun können, damit sie besser laufen.«

Betrachten wir als Beispiel ein Erlebnis mit einer Flugbegleiterin, das ich vor einiger Zeit hatte. Aus irgendeinem Grund regte sie sich über mich auf, weil ich in der Frage, wo meine Tasche untergebracht werden sollte, anderer Meinung war als sie. In früheren Zeiten hätte ich vielleicht ungeschickt reagiert und meine eigene Verärgerung gegen sie gewendet, und dann wäre die Sache sicher eskaliert. Aber ich habe mich auf meinem Weg zur Erleuchtung ein wenig entwickelt und wusste deshalb gleich, dass es ihr Problem war und nicht meins. Nachdem sie mich angeblafft hatte, sagte ich: »Das war heute sicherlich ein anstrengender Tag für Sie. Sie waren im ganzen Land unterwegs, nicht wahr?«

Gleich wurde sie ein wenig weicher und sagte: »Das kann man wohl sagen, ich muss zwei Tage ohne Schlaf durchhalten.«

»Dann spannen Sie doch einfach mal einen Moment aus«, schlug ich vor. »Ich kriege dieses Ding schon irgendwie untergebracht.« Danach war alles in Butter.

Das zeigt, wie ein kleiner Vorfall uns zu lösungsorientierten Ansätzen führen kann und man sich dadurch nicht in das Problem verbeißt. Ich konnte die Lage aber nur deshalb entschärfen, weil ich den Vorwurf keinen Moment lang persönlich nahm. Ich wusste, dass er nur sie selbst betraf und mit mir nichts zu tun hatte. Halte dir also in allen Situationen des Lebens immer wieder vor Augen, dass du Lösungen suchst und nicht darauf aus bist, recht zu behalten und dich durchzusetzen.

Das erinnert mich an einen weiteren kleinen Vorfall in der Zeit, in der meine Tochter Tracy noch klein war. Meine Neffen waren bei uns zu Besuch, und einer von ihnen schlief auf einer Matratze im Wohnzimmer. Als er aufstand, sagte ich zu ihm: »Tom, sieh zu, dass die Matratze hier wegkommt.«

»Vielleicht lasse ich sie am besten in Tracys Zimmer«, meinte er. Das war für ihn eine gute Lösung. Er schob die Matratze am Montag in Tracys Zimmer, dann am Dienstag und auch noch am Mittwoch.

Dann reichte es Tracy. Sie wollte mit mir darüber reden.

Ich sagte: »Herzchen, statt auf das Problem zu starren, überleg dir lieber eine Lösung. Montag, Dienstag und Mittwoch sind jetzt vorbei. Du hast ihm durch deine Duldung geradezu beigebracht, die Matratze bei dir abzuladen. Was möchtest du ihm jetzt sagen?«

»Leg deine Matratze nicht in mein Zimmer.«

Das tat sie, Tom sagte: »Okay«, warf die Matratze in mein Zimmer, und ich warf ihn raus. Nein, natürlich nicht. Jedenfalls fanden wir irgendwann eine für alle zufriedenstellende Lösung.

Ist dir schon mal aufgefallen, wie schwer es ist, mit jemandem Streit zu haben, der keine Lust auf miese Stimmung hat und nicht sauer sein möchte? Solche Leute sind nicht darauf aus, recht zu haben, und da lösen sich drohende Konflikte ganz schnell wieder auf. Sie sind auf Wahrheit aus, auf Schönheit, auf Fairness, auf die Rechte jedes Einzelnen. Das sind die Dinge, die sie wichtig nehmen. Du begegnest solchen Menschen nicht ständig, aber sie sind doch überall zu finden, im Eiscafé, im Taxi, im Wartezimmer. Es müssen nicht unbedingt Philosophen sein oder Leute, die irgendetwas Besonderes geleistet haben, aber wenn solch ein Mensch in deiner Nähe ist, spürst du das einfach.

Es sind furchtlos positiv eingestellte Menschen, die alles Lebendige lieben. Sie leben gern im Augenblick, im Jetzt. Sie beschäftigen sich nicht ständig damit, woher sie kommen und wie es wohl weitergeht. Sorgen und Gewissensnöte haben in ihrem Leben keinen Platz. Sie sind immer in der Lage, sich zu sagen: »Dies halte ich für sinnvoll, und deshalb tue ich es einfach, weil ich es richtig finde, selbst wenn alle anderen etwas daran auszusetzen haben.«

Wenn du dich fragst, wie du auch so werden und voll und ganz lebendig sein kannst, lautet meine Antwort natürlich: indem du es einfach tust.

Dabei fällt mir *Candide* ein, der Roman des französischen Philosophen Voltaire, der die Reise eines Mannes auf der Suche nach sich selbst schildert. Der Schluss, zu dem die Hauptfigur gelangt, ist im letzten Satz des Buchs in etwa so formuliert: »Wir müssen lernen, unseren eigenen Garten zu bestellen.« Die ganze Suche nach Reichtümern und Erkenntnissen hatte nur zu Enttäuschungen geführt, und am Ende war klar, dass nichts weiter zu tun war, als zu lernen, wie man den eigenen Garten bestellt.

Für mich gehört das zu den tiefsinnigsten Dingen, die je geschrieben wurden. Es geht darum, deinen eigenen Garten zu bestellen und anderen nicht in ihre Gartenarbeit hineinzureden. Wenn sie Steckrüben anbauen möchten, wenn sie andere Dünger einsetzen möchten als du oder wenn sie Unkraut dulden, geht dich das nichts an. Wichtig ist nur, dass dein Garten so ist, wie du ihn haben möchtest. Nimm das, was du hast, wie es ist, und freu dich daran. Gestalte dein Leben nach deinen eigenen Vorstellungen, nach deinen eigenen Wünschen und Zielen und immer in Übereinstimmung mit dem, was du als den Sinn deines Lebens ansiehst. Halte deinen eigenen Garten in Ordnung, bau das an, was du darin haben möchtest, und kümmere dich nicht um die Gärten anderer.

Ich habe mir vom tibetischen Buddhismus etwas sagen lassen, was wir normalerweise nur unter großen Mühen lernen: »Alles im Universum ist genau so, wie es sein soll.« Lass das mal auf dich wirken. Was du ringsum wahrnimmst, soll da sein. Beweis: Es ist da. Damit ist nicht gesagt, dass wir nichts verändern dürfen. Wenn du etwas ändern kannst, tu es, statt dich über das

Sosein der Welt zu ärgern oder dem Spiegel das Bild übelzunehmen, das er dir zurückwirft. Aber nimm die Dinge erst einmal hin und überleg erst dann, was getan werden kann, um sie zu verbessern.

Achte jedoch darauf, dass du nicht urteilst wie ältere Herrschaften, die an den Strand gehen und sich dann über die jungen Leute aufregen, die ihrer Meinung nach fast nichts anhaben und Frisbees werfen und die Hunde einfach kläffen lassen und überhaupt einen Heidenkrach machen. Sie sehen sich die Welt an und sagen: »Das passt mir so nicht, ich will es anders haben.«

Die Jungen wiederum sagen: »Seht euch diese runzligen alten Käuze in ihren vorsintflutlichen Klamotten an. Alles nehmen sie uns übel, und selbst fällt ihnen nichts ein, was Spaß machen könnte.« Auch das sind lauter Urteile, und wer sie ausspricht, sieht einfach nicht, dass in dieser Welt alles so ist, wie es sein soll.

Statt die alte Weisheit »Leben und leben lassen« zu beherzigen, beurteilen wir einander und wünschen uns, die Dinge wären anders, als sie sind. Statt die Welt mit diesem urteilenden Blick zu betrachten, können wir uns fragen: »Sehe ich die Welt, wie sie ist oder wie *ich* bin?« Wenn du die Welt so siehst, wie du bist, wirst du immer denken, sie müsse so sein, wie du es für richtig hältst. Siehst du die Welt aber so, wie *sie* ist, dann kannst du sie noch besser machen.

Die Kraft der Vergebung

1974 habe ich etwas ganz Erstaunliches erlebt und diese Geschichte inzwischen oft erzählt. Da sie die Menschen immer wieder tief beeindruckt, möchte ich sie hier wiederholen.

Seit meinem achten Lebensjahr war ich auf der Suche nach meinem Vater und träumte immer wieder von ihm. Ich hatte diesen Mann nie gesehen, und was ich über ihn zu hören bekam, war alles andere als schmeichelhaft. Er muss alle, mit denen er zu tun hatte, sehr grausam behandelt und nach allem, was ich hörte, ein schändliches Leben geführt haben.

Und doch blieb da etwas in mir, was mich nicht losließ – Wut, Schmerz und Leid. Ich wünschte mir, diesen Mann einmal fragen zu können: »Wie konntest du drei Kinder einfach im Stich lassen? Wie konntest du eine Frau mit ihnen allein lassen und nicht einmal Unterhalt zahlen? Wie kommst du dazu, dich mit Alkohol kaputtzumachen, jemanden zusammenzuschlagen, eine Frau zu vergewaltigen und zu schwängern und noch manches andere zu tun, wovon ich nur andeutungsweise gehört habe, weil es für meine Mutter so quälend war, darüber zu sprechen? Wie ist es möglich, dass du so etwas tust? Wie kam es dazu?«

Ich wollte das alles wissen, denn schließlich konnte es ja sein, dass er sogar mutig gehandelt hatte. Vielleicht war es ihm nicht möglich, zu bleiben und sich den Dingen zu stellen, vielleicht liebte er uns alle zu sehr, wer weiß? Wenn du das alles nicht weißt, stellst du dir eben solche Fragen und denkst immer wieder darüber nach, und genau das tat ich. Meine beiden Brüder beschäftigte die Sache überhaupt nicht. Mein älterer Bruder Jim hatte ein paar reale Erinnerungen an unseren Vater, mein Bruder Dave wusste so wenig wie ich. Beide interessierten sich jedenfalls kein bisschen für meine Suche.

Hier muss ich etwas einschieben, was wirklich wichtig ist: Wenn sich dein Leben zu dem fügt, was du als deinen Lebensauftrag betrachtest, ergreift der Sinn und Zweck deines Lebens urplötzlich Besitz von dir und bewirkt eine solche Beschleunigung, dass du nicht mehr aufzuhalten bist. Der Sinn deines Lebens kann sich mit allen Dingen verbinden, die ansonsten dein Leben ausmachen, und wenn du ihm nachgibst, ergreift er Besitz von dir. Ich kann es nicht anders ausdrücken.

Diese Beschäftigung mit meinem Vater – die quälende Ungewissheit, der Schmerz, die Träume und so weiter – ging selbst dann noch weiter, als ich erfahren hatte, dass er gestorben war. Ein entfernter Cousin erzählte mir, er sei in New Orleans gestorben und man habe seine Leiche nach Biloxi in Mississippi überführt. Mehr wusste niemand.

1974 arbeitete ich als Professor an der St. John's University in New York und wurde von einem Kollegen gebeten, ihn in einer bestimmten Sache zu unterstützen. Es würde mir sogar ein zusätzliches Honorar einbringen. Der Auftrag bestand darin, ein bestimmtes College in Columbus, Mississippi, aufzusuchen, dort einige Recherchen anzustellen und anschließend einen Bericht zu verfassen. Während der zwei Tage, die ich dort beschäftigt war, stellte ich fest, dass Biloxi nur vier Autostunden entfernt war. Ich fasste den Entschluss hinzufahren, um vielleicht Antworten auf die Fragen zu finden, die mich seit Jahrzehnten umtrieben.

Ich nahm mir einen Mietwagen, der so neu war, dass er nicht einmal eine ganze Meile auf dem Tacho hatte. Das fand ich bemerkenswert. Ich stieg ein und wollte mich anschnallen. Damals gab es noch keine Schultergurte, nur Beckengurte. Ich griff nach dem Gurt, konnte ihn aber nicht hochziehen. Ich musste wieder aussteigen und den Sitz verschieben, um an den Gurt zu kommen, da es für mich schon damals nicht infrage kam, unangeschnallt zu fahren.

Er war noch unbenutzt und in einer Plastikhülle. Als ich ihn auspackte, fiel mein Blick auf eine Visitenkarte, auf der stand: Candlelight Inn, Biloxi, Mississippi. Ich steckte die Karte ein und dachte dann nicht weiter an sie.

Auf der Fahrt nach Biloxi nahm ich einen Anhalter mit, einen Wanderarbeiter, wie sich herausstellte. Ich machte einen kleinen Umweg, um ihn dort abzusetzen, wo er hinwollte. Um kurz vor fünf am Nachmittag erreichte ich die Vororte von Biloxi. Ich fuhr eine Tankstelle an, ging in die Telefonzelle und blätterte in den Gelben Seiten nach den Friedhöfen der Stadt. Drei waren angegeben, und ich rief bei allen an, um herauszufinden, wo mein Vater begraben war.

Beim ersten Friedhof nahm niemand ab, beim zweiten war besetzt, beim dritten meldete sich nach langer Zeit jemand, und ich sagte: »Hallo, mein Name ist Wayne Dyer, und ich würde gern wissen, ob bei Ihnen ein Melvin Lyle Dyer beerdigt ist.«

Der Mann sagte, er werde nachschauen. Eine Ewigkeit war nichts zu hören. Dann nahm er den Hörer wieder zur Hand und sagte, ja, ein Mann dieses Namens sei dort begraben.

Das Herz schlug mir bis zum Hals, ich fühlte mich wie am

Ende einer langen, langen Reise. »Gut«, sagte ich, »und wie finde ich zu ihnen?«

»Das ist ganz einfach«, gab er zurück. »Wir sind auf dem Gelände des Candlelight Inn.«

Ich griff in die Tasche und zog die Visitenkarte heraus, und tatsächlich, es war genau dieser Ort. Ich fuhr hin, fand das Grab meines Vaters und blieb lange dort stehen, um mit diesem Mann zu sprechen, den ich nie getroffen hatte.

Es wurde ein sehr langes Gespräch, in dem ich ihm alles verzieh, was er meiner Mutter, meinem Bruder Dave und vor allem meinem Bruder Jim angetan hatte. Jim hatte besonders unter ihm zu leiden gehabt. Dabei dachte ich überhaupt nicht an Vergebung und wie wichtig sie war, ob sie überhaupt angebracht sei – nichts dergleichen. Aber sie geschah. Es müssen wohl zweieinhalb Stunden gewesen sein, die ich tränenüberströmt dort gestanden habe. Ich nahm mir die Zeit, meinem Vater zu vergeben, und das änderte mein Leben.

Wenn du irgendeinem Menschen auf dieser Erde etwas so sehr verübelst, dass du nur mit Schmerz und Feindseligkeit an ihn denken kannst, dann halte besser nicht an dieser Bitterkeit fest, sonst vergiftet sie dich. Vergebung gehört zu den größten Antrieben in dieser Welt, und ich spreche aus eigener Erfahrung, wenn ich sage, dass du dich von allem, was an Schmerzlichem und Kränkendem vorgefallen sein mag, lösen musst.

Du brauchst es nicht so zu machen wie ich, du musst keine Gräber aufsuchen oder herumtelefonieren, niemand muss wissen, was du da machst. Sag dir einfach: »Liebe ist Vergebung«, damit reinigst du dein Herz von allem, was es belastet. Vergebung, das Wort sagt es bereits, ist auch ein Geben oder Schenken – ein Schenken, das keine Gegengabe erwartet.

Nach diesem Erlebnis in Biloxi bekam mein Leben eine klare Ausrichtung, und ich sah deutlich, wohin mein Weg führen würde. Schon während der Heimreise entstand in Umrissen mein erstes Buch *Der wunde Punkt*. Geträumt habe ich von meinem Vater seitdem nie wieder. Nichts mehr von all den quälenden Gedanken, die mich bis dahin mit ihm verbunden hatten. Ich habe wirklich Frieden mit ihm geschlossen und sende ihm Liebe, wo auch immer er sein mag. Alles ist gut.

Ich denke sogar, dass Melvin Lyle Dyer mein größter Lehrer war. Ohne die Erlebnisse, die sich für mich aus seinem Verhalten ergeben haben, hätte ich nicht die Chance gehabt, so vielen Menschen zu helfen und Dinge auf die Beine zu stellen, die für andere und mich selbst von großem Nutzen sind. Ich sehe das alles, sehe seine Notwendigkeit und glaube daran. Für dich möchte ich wiederholen, dass alles, was du in dir hast, nicht von anderen dort deponiert wurde. Alles war und ist deine eigene Entscheidung.

Allen Menschen Liebe senden

Ruf dir alle konfliktbelasteten Beziehungen in deinem Leben in Erinnerung, etwas zwischen dir und deiner Mutter, als du zwei Jahre alt warst, oder irgendetwas mit deinem Nachbarn, deinem Freund oder sonst irgendwem – führ sie dir alle innerlich vor Augen, von stark belasteten Beziehungen bis hin zu Leuten, die dir nur gelegentlich ein bisschen auf die Nerven gehen. Dann sende ihnen allen Liebe.

Es ist ganz einfach, Menschen Liebe zu schicken, die sich so verhalten, wie du es erwartest, die nett zu dir sind und gut riechen. Sie stellen deine Liebesfähigkeit nicht auf die Probe. Als Christus ans Kreuz genagelt war und jemand ihm mit einer Lanze in die Seite stach, sagte er: »Vater, vergib ihnen, denn sie wissen nicht, was sie tun.« Wenn mir Leute, die sich als Christen bezeichnen, erzählen, wen sie hassen und wen nicht, sage ich: »Sie sehen sich als Christen, aber Ihr Verhalten erinnert nicht an Christus.« Ein Christ zu sein ist nicht schwierig. Man ist getauft, und man nennt sich so und geht sonntags in die Kirche, doch das bedeutet noch nicht, dass man wie Christus ist.

Das kann man aber üben: Bei allen unangenehmen Begegnungen sendest du dem oder der Betreffenden Liebe, auch wenn du wirklich schlecht behandelt worden bist. Fang mit einfachen Dingen an, zum Beispiel mit der aggressiven Fahrweise anderer, um dich dann anspruchsvolleren Situationen zu widmen, etwa wenn sich jemand in deinem Arbeitsumfeld besonders rücksichtslos verhält oder ein Freund dein Vertrauen missbraucht. Letzten Endes soll das zu deiner Grundhaltung werden.

Wenn du Liebe sendest, wird schließlich immer mehr von dieser Liebe zu dir zurückkommen. Und du findest Freiheit, denn der Hass, den du in dir trägst, ist giftig und schlimmer als Krebs. Er nagt so lange an dir, bis du gelernt hast, Liebe zu senden. Bis dahin wird dir kein erwachtes, unbegrenztes Leben möglich sein.

Ich musste das selbst auch üben. Es gab da jemanden, der mich verklagte, um mir Geld abzupressen. Ich war stinksauer: »Wie kann man nur so handeln? Was muss das für ein Anwalt sein, der so einen Fall annimmt? Wie können diese Leute damit leben?« Ich ließ mich auf den Kampf ein und bekam am Ende Recht, aber erst nach vielen nervenaufreibenden Monaten, und meine beträchtlichen Anwaltskosten musste ich selbst tragen. Erst als ich diesem Menschen Liebe senden konnte, ging mir auf, dass das Ganze allein seine Angelegenheit war und nichts mit mir zu tun hatte.

Aus der Sicht des östlichen Denkens würde man vielleicht sagen, dass dieser Prozess eine Art Prüfung war, bei der sich erweisen sollte, aus welchem Holz ich geschnitzt bin. Es gab da etwas zu lernen, und ich musste herausfinden, was das Gute an dieser misslichen Sache war. Als ich dies tat, kam es sehr schnell zur Einstellung des Verfahrens. Ich wurde deutlich produktiver, ich schrieb besser, und ich fühlte mich als Mensch immer wohler. Meine Sekretärin sagte: »Sie haben so was Leichtes, seit dieser ganze Spuk vorbei ist, als würden Sie auf Wolken gehen.« Manch einem habe ich Geld geliehen und es dann Jahr für Jahr nicht zurückbekommen, und das hat mich wirklich geärgert. »Wie kann er/sie das machen? Ich borge Geld aus, und dann kommt es nicht zurück. Das ist doch Diebstahl!« Ich habe diesen Ärger inzwischen fallengelassen und den Leuten sogar meine Bücher geschickt. Ich ließ das alles hinter mir. Ich halte nichts davon, seinen finanziellen Verpflichtungen nicht nachzukommen, und ich selbst begleiche meine Rechnungen immer sofort. Manche Menschen sind da anders eingestellt, und ich möchte nicht, dass ihre Unzuverlässigkeit auf mich übergreift. Wenn ich mich darüber aufrege, dass sie mir mein Geld nicht zurückzahlen, lasse ich mir von ihnen meine Gefühle diktieren. Damit lasse ich mich von jemand anderem beherrschen, und das möchte ich nicht.

Wenn du selbst in eine solche Situation kommst, gibt es nur einen Ausweg: Vergib dem anderen. Wirklich, lass einfach gut sein. Du musst die Sache nicht unbedingt vergessen, aber du musst verzeihen. Du brauchst auch keine Erinnerungen oder Mahnungen verschicken, wenn du nicht möchtest. Lass einfach los. Das nennt man Nicht-Anhaftung. Wenn du nicht an diesem Menschen oder an seinem Verhalten festhältst, bist du frei und kannst deiner Kreativität ungehindert Ausdruck geben. Nicht anhaften – das ist ein Prinzip von geradezu erstaunlicher Wirkkraft.

Hier als weiteres Beispiel die Geschichte eines Freundes, der Anwalt ist und eine wirklich verheerende Scheidung durchzustehen hatte. Seine Frau erhob Anspruch auf die Hälfte seiner Kanzlei, natürlich die Kinder und all sein Geld. Sie hatte wohl eine Affäre, und er kam dahinter. Es war bis dahin eine gute Ehe gewesen, aber das ging dann alles in diesem Hass unter. Mein Freund und ich saßen uns in einem sehr schönen Restaurant gegenüber, und die ganze Qual stand ihm deutlich ins Gesicht geschrieben. Es war, als wäre er innerhalb von vier Monaten um zehn Jahre gealtert. Er schien mir den ganzen Abend lang erzählen zu wollen, wie sehr er im Recht und seine Frau im Unrecht war. Immer wieder hob er hervor, dass sie keinerlei Recht habe, all das zu fordern: »Wie kann sie es wagen, so mit mir umzuspringen? Stell dir vor, sie hat diesen Mann sogar in unser Haus mitgebracht. Wie findest du das?« Ich sagte: »Du brauchst dieses Gefühl, im Recht zu sein, nicht?«

»Nein, gar nicht. Aber was sagst du zu dem, was ich dir erzählt habe? Hat sie ein Recht, so zu handeln?«

»Ja.«

»Ja? Wie meinst du das?«

»Sie hat so gehandelt«, erläuterte ich. »Daran kannst du nichts mehr ändern.«

»Und was soll ich deiner Meinung nach jetzt tun?«

»Ich meine, dass du ihr verzeihen solltest.«

»Das hab ich doch schon«, beteuerte er. »Ich habe es ihr sogar gesagt.«

»Du brauchst ihr nichts zu sagen«, fuhr ich fort. »Lass einfach los. Was musst du verteidigen? Die Sache belastet dich so, dass du morgens kaum aufstehen kannst, und deine Kanzlei geht den Bach runter. Du bist deprimiert, dein Blutdruck steigt, du isst kaum noch und nimmst viel zu schnell ab. Du leidest, und zwar deshalb, weil du nicht bereit bist, ihr zu verzeihen. Dabei hat es mit ihr gar nichts zu tun. Es geht um dich, und ich wünschte, ich könnte irgendwie in deinen Kopf kriegen, wie wichtig es ist, ihr Liebe zu senden, auch wenn sie sich aus deiner Sicht ganz schrecklich verhalten hat. Du musst das tun, sonst überlebst du die Sache nicht. Im Moment bist du dabei, ganz langsam Selbstmord zu begehen. Es wird langsam vonstattengehen, aber wenn du dich nicht umbringen möchtest, wirst du ihr früher oder später verzeihen müssen, und warum dann nicht lieber gleich? Du musst ja nicht mit ihr verheiratet bleiben, du musst sonst gar nichts tun.«

»Und was ist mit dem Geld und dem Ganzen?«

»Wie viel will sie denn haben?«

Er flüsterte einen Betrag, und ich sagte: »Das gibst du ihr und noch ein bisschen mehr.«

»Was?!«

Ich erklärte es ihm: »Sei unbesorgt, das kommt alles zurück. Aber gib ihr mehr und alles im Voraus. Sag ihr, dass du nicht an einer Fortsetzung der Ehe interessiert bist, aber die Sache auch nicht länger mit dir herumtragen möchtest. Dann üb dich in Vergebung – du wirst eine neue gelassene Heiterkeit und Schönheit in deinem Leben finden, einen Frieden, den du nie für möglich gehalten hast. All das steht bereit für dich, du musst nur noch verzeihen. Sag dir, dass sie nun mal ein Mensch ist und einen Fehler macht. Nicht du.

Ja, sie ist erwischt worden, während du dir nichts hast zuschulden kommen lassen. Lass all das jetzt los. Dein Leben wird so viel reicher sein, weil du nicht mehr jeden Augenblick damit verbringst, dir zu wiederholen, dass du im Recht bist. Das wird keine Rolle mehr spielen. Du brauchst dieses Gefühl nicht mehr, im Recht zu sein. Es geht nur noch darum, glücklich zu sein.«

Wie mein Freund musst du dir in Erinnerung rufen, dass du bereits alles hast, was du brauchst, um Glück, Erfolg und Erfüllung zu finden. Du musst dich nur von dem lösen, was dich noch festhält und beherrscht.

Betrachte dich als jemanden, der die Gitterstäbe seiner Gefängniszelle umklammert und »Lasst mich raus! Lasst mich raus!« schreit. Dann fällt dir auf, dass neben den Gitterstäben alles offener Raum ist. Du drehst dich um, und da ist auch nur offener Raum. Dein Tunnelblick hatte dir eingegeben, immer nur geradeaus auf einen kleinen Ausschnitt direkt vor dir zu starren. Dadurch hattest du das Gefühl, in einer Zelle eingesperrt zu sein. Aber jetzt blickst du nach links und nach rechts und hinter dich. Du umklammerst die Gitterstäbe einer Zelle, die eigentlich offen ist. Lass die Stäbe los, und du kannst einfach an ihnen vorbeigehen. So wirst du ein befreiter Mensch, der keine Grenzen mehr sieht.

Tagebuchübung

Schreib in deinem Tagebuch über die Menschen, denen du verzeihen musst, und wie das geschehen kann. Was kannst du sonst noch tun, um deinen Garten zu bestellen, das heißt, eine Zukunft in die Wege zu leiten, in der es all das nicht mehr gibt, was dich bisher zurückgehalten hat?

12

Neun Fragen zur Einleitung anstehender Veränderungen

Wandel ist eigentlich ein Paradox: Alles ändert sich, und zugleich ändert sich gar nichts. Alles ist und ist zugleich nicht. Das Universum und wir alle entwickeln uns ständig, aber stets innerhalb dessen, was das Universum in seiner Gesamtheit ist.

Ich veranschauliche mir das so: Wenn du ein Bild an der Wand betrachtest und ich dich frage, ob es fertig und vollständig ist, wirst du das sicher bejahen. Könntest du das Bild jedoch unter dem denkbar stärksten Röntgenmikroskop betrachten, würdest du erkennen, dass in jedem kleinsten Farbpartikel des Gemäldes ganze Universen sind, die nichts mit den Universen hinter dem Bild oder ihm gegenüber zu tun haben. Und du würdest in den violetten und grünen und blauen Farbpartikeln Bakterien und darin wieder weitere Einzelheiten entdecken. Wenn du immer weiter vergrößerst, würdest du auf Abermilliarden und Billionen immer kleinerer Partikel stoßen und an kein Ende kommen. Auch in der anderen Richtung, der Richtung des immer Größeren, kommst du an kein Ende, das Universum hat kein Ende, es geht immer weiter.

Könnten wir weit genug zurücktreten, würden wir das Universum als ein Gesamtbild erkennen, das vollständig und fertig ist. Es ist allumfassend, es ist ein Ganzes, und das kann nur so sein. Aber wenn wir in die Einzelheiten gehen, erkennen wir, dass da eine ganze Menge passiert. Innerhalb der Vollständigkeit des Ganzen können wir uns verändern und überhaupt alles tun, was wir möchten, wir sind frei und unfrei zugleich. Veränderungen geschehen, aber wenn wir auf das Gesamtbild blicken, ändert es sich überhaupt nicht.

Wie können Menschen einen Blick auf das Gesamtbild bekommen? Was muss passieren, damit sie echte, dauerhafte Veränderungen vornehmen? Das ist für jeden Menschen etwas anderes. Manche brauchen Therapie und eine Gruppe, die ihnen Rückhalt bietet, vielleicht müssen sie eine Rehabilitationseinrichtung besuchen oder hunderte Bücher lesen, und man muss ihnen alles immer wieder vorbeten, bis sie endlich etwas ändern. Manche Menschen sind einfach so gestrickt, und das ist völlig in Ordnung so. Wenn du so oder so ähnlich bist, musst du dich davon leiten lassen.

Ich selbst bin ganz anders. Ich treffe Entscheidungen über den weiteren Verlauf meines Lebens ganz schnell. Mit vierzehn oder fünfzehn Jahren habe ich zum ersten Mal Kaffee probiert. Er schmeckte bitter und irgendwie seltsam, wie nach Chemikalien. Ich mochte ihn nicht. Ich sagte zu meiner Mutter und meinen Brüdern: »Ich werde nie Kaffee trinken.« Das ist sehr lange her, und ich war jung, aber meine Entscheidung stand ein für alle Mal fest, und ich habe niemals auch nur eine einzige Tasse Kaffee getrunken. Ich bekomme ihn natürlich angeboten, aber ich mag einfach den bitteren Geschmack nicht, und ich möchte kein Koffein. Ich *weiß* das.

So nehme ich auch Veränderungen vor, aber ich will damit nicht sagen, dass es nur so geht oder dass es die beste Art ist. Jedenfalls kann ich einfach sagen, dass ich keinen Kaffee trinken werde, und das wird dann auch so sein. Ich bin darin nicht unsicher. Mit der gleichen Sicherheit spreche ich über viele andere Dinge in meinem Leben, zum Beispiel, dass ich nicht übergewichtig sein und nicht rauchen werde und dass ich mich in Form halte. Für andere ist das alle Tage wieder ein Kampf. Wichtig ist, dass du dich selbst gut kennst, aber außerdem weißt, dass du alles tun kannst, was nötig ist, um dein Leben zu verbessern.

Am Ende dieses Buchs möchte ich dir ein paar Fragen vorlegen, über die du nachdenken kannst, damit sie dir den Weg zu einem unbegrenzten Leben weisen:

1. Wenn dir plötzlich eröffnet würde, dass du nur noch ein halbes Jahr zu leben hättest, wie würde sich dein Leben ändern?

Was würdest du tun? Was würdest du anders machen, wenn du wüsstest, dass für dich in sechs Monaten alles vorbei sein wird? Würdest du deine Arbeit weitermachen wie bisher? Würdest du dir wünschen, dass alles so bleibt, wie es ist, oder würdest du losziehen und etwas Neues ausprobieren? Das ist eine relevante Frage, denn niemandem ist eine Zukunft garantiert. Für jeden von uns ist die Zeit begrenzt, und sie vergeht im Nu. Ich gehe davon aus, dass du weitaus mehr als ein halbes Jahr vor dir hast, aber selbst wenn es noch Jahrzehnte sind, ist deine Zeit auf der Erde kurz. Was möchtest du damit anfangen? Möchtest du in der Welt etwas bewegen? Möchtest du für andere etwas Nützliches und Hilfreiches tun? Möchtest du an der Lösung realer Probleme auf diesem Planeten mitwirken? Möchtest du Dinge ausprobieren, die du noch nie gemacht hast? Möchtest du einfach mehr erleben, was dir Spaß macht, mehr lachen? Was auch immer dir dazu unmittelbar in den Sinn kommt, sagt viel über dich aus. Ich kann dir nur dazu raten, das Risiko einzugehen und zu tun, was du wirklich tun möchtest. Also los!

2. Mit wem würdest du gern zusammenleben, wenn du freie Wahl hättest und nicht an die Menschen gebunden wärst, mit denen du bisher zusammengelebt hast?

Stell dir vor, dein Leben fängt gerade erst an, und du hast es noch mit niemandem geteilt. Auf wen würde deine Wahl fallen? Würdest du den Menschen wählen, mit dem du jetzt in einer Beziehung lebst? Würde es Dinge geben, die du ändern möchtest?

Jetzt frag dich, weshalb du dich nicht mit Menschen umgibst, mit denen du wirklich gern zusammen wärst? Kannst du die Menschen, die du liebst, glücklich und interessiert und lebendig und kreativ machen, damit es ein erfreuliches Zusammenleben wird? Und was ist mit Leuten, die ständig jammern und sich immer über etwas zu beklagen haben und dich permanent runterziehen? Kannst du denen beibringen, positiver zu sein?

Wenn ich mich morgens rasiere, blicke ich erst einmal in den Spiegel und sage mir: »Niemand wird mir diesen Tag verderben. Niemand.« Selbst wenn ich es mit einem Verkehrsrowdy zu tun bekomme und selbst wenn es jemand wirklich auf mich abgesehen hat, niemand wird es schaffen, mir den Tag zu verderben. Es ist mein Tag, und dabei bleibt es, auch wenn ich pampige Antworten zu hören bekomme oder jemand meinen Auftrag nicht ausführen will oder seine üble Laune an mir auslässt. Von niemandem, auch nicht von einem geliebten Menschen, lasse ich mir diesen Tag wegnehmen. Das kann man üben, und nach einer Weile wird dir auffallen, dass andere dich gern um sich haben.

Wenn du aus Gefälligkeit oder einem Gefühl der Verpflichtung statt aus eigener, freier Wahl handelst, bist du ein Sklave. Bleib in keiner Beziehung nur deshalb, weil sie schon lange besteht, wenn es sonst keine wichtigen Gründe gibt. Wenn du etwas nur deshalb tust, »weil man das so macht« oder weil es von dir erwartet wird, hörst du nicht auf deine eigenen inneren Signale. Beziehungen, die auf Wahlfreiheit und Liebe beruhen, besitzen Wert und Würde, Beziehungen aus Pflichtgefühl nicht.

3. Wo würdest du leben wollen, wenn du nicht an deinen bisherigen Lebensraum gebunden wärst?

Stell dir vor, du könntest völlig ungebunden entscheiden, wo du künftig leben möchtest. Das darf egal wo auf diesem Globus sein, den wir als unsere Heimat ansehen. Wo würdest du gerne leben?

Stell dir dazu ein paar Fragen: »Was hält mich davon ab, dort zu sein? Angst? Die Sorge, dass ich dort nicht zurechtkomme? Dass ich mich blamiere?« Mach dir klar, dass Ängste einfach aus Gedanken bestehen. Wenn du hier zurechtkommst oder sogar Erfolg hast, kann das anderswo auch so sein. Warum dann nicht da, wo du gern leben möchtest? Warum eher da, wo schon deine Urgroßeltern gelebt haben?

4. Wie lange würdest du schlafen, wenn du keine Uhr hättest und auch sonst keine Möglichkeit bestünde, die Zeit zu messen?

Was meinst du, würdest du sieben oder acht oder neun Stunden schlafen? Wie lange? Gehst du davon aus, dass du ein Drittel deines Lebens schlafend verbringen würdest?

Es gibt wissenschaftliche Untersuchungen zu dieser Frage. Man hat Probanden für mehrere Wochen in unterirdische Bunker einquartiert und ihnen keinerlei Möglichkeit gelassen, den Lauf der Zeit zu verfolgen. Es gab nur gedämpfte künstliche Beleuchtung, und die Mahlzeiten wurden nicht zu bestimmten Zeiten ausgegeben. Die Leute durften schlafen, wann immer sie wollten und wie lange sie wollten, und ihr Schlafverhalten wurde beobachtet und dokumentiert. Soll ich dir sagen, wie lange die Leute schlafen, wenn sie nicht wissen, welche Tageszeit ist? Im Durchschnitt 4,4 Stunden pro Tag. Offenbar hat ein Großteil des Schlafs damit zu tun, dass wir nicht wissen, was wir mit unserem Leben anfangen sollen.

Vielleicht hast du schon mal mit dem Gedanken gespielt, früher aufzustehen. Aber dann ist dir nichts eingefallen, was du dann tun könntest, und so hast du dich umgedreht und weitergeschlafen. Vielleicht denkst du auch, dass man abends um zehn oder elf müde zu sein hat.

Ich rate natürlich nicht zum Schlafentzug. Wenn du Schlaf brauchst, schlaf. Dieses Gedankenspiel dient allein dem Zweck, dass du dich auf deine ureigenen Bedürfnisse besinnst und dein Leben nicht nach Uhren, Kalendern und dergleichen ausrichtest.

5. Wann und wie viel würdest du essen, wenn es keine festen Mahlzeiten gäbe?

Wie viele mögen wohl ihre drei Mahlzeiten pro Tag nur deshalb verdrücken, weil sie ihnen vorgesetzt werden oder weil man das halt so macht? Oder weil sie denken: »Ich hab zwar jetzt keinen richtigen Hunger, aber der kommt später bestimmt, also schlage ich mich jetzt auf Vorrat voll.«

Auch an dieser Frage wird deutlich, was ich in diesem Buch vermitteln möchte: Lebe nach deinen inneren Signalen, nicht nach äußeren. Wie steht es damit bei dir? Frag dich das ruhig einmal, wenn es um fraglich gewordene Abläufe und Routinen geht.

Viele essen viel zu viel, ohne es je bewusst wahrzunehmen, insbesondere ungesunde überzuckerte Industriekost. Wenn die Frage des Gewichts bei dir eine Rolle spielt, dann iss nicht gedankenlos alles, was auf dem Teller liegt. Besser, du kaust jeden Bissen gründlich und fragst dich dabei: »Möchte ich noch mehr? Verlangt mein Körper nach mehr?« Wenn nicht, dann hör sofort auf, für diesmal ist es genug.

6. Was würdest du tun, wenn es Geld nicht gäbe?

Welchen Tätigkeiten würdest du alle Tage nachgehen? Was würdest du unternehmen? Das ist eine aufschlussreiche Frage: Tust du das, was du jetzt tust, für ein Gehalt und sonstige Versorgungsleistungen oder weil du nur noch ein paar Jahre bis zum Ruhestand hast?

Falls du einen ungeliebten Beruf wegen des Gehalts ausübst: Gibt es etwas, was du lieber tun würdest? Was würdest du wirklich gern tun? Wenn es da etwas gibt, lässt es sich so umsetzen, dass du deinen Lebensunterhalt damit verdienen kannst? Alles, was du mit Interesse und Begeisterung tust, kann eine einträgliche Beschäftigung werden. Es leben weit über sieben Milliarden Menschen auf der Erde, und alles, was du zu bieten hast, wird irgendwo benötigt, wirklich alles.

Gegen Berufsberatung habe ich etwas, und zwar vor allem deshalb, weil die Leute da in Schubladen gesteckt werden. Der Rat lautet dann: »Am besten, du studierst dies und machst dich schlau über jenes. Mach eine Bestandsaufnahme von allem, was du magst und nicht magst, und danach suchst du dir einen passenden Beruf, in dem du fünfzig Jahre bleiben kannst.« Keiner sagt: »Sieh zu, dass du deine Träume verwirklichst und das Bestmögliche für dich findest.«

Alles steht dir offen, und du kannst genau die Arbeit verrichten, die dir vorschwebt. Und wenn du deinen Job nicht magst oder nicht mehr magst, kannst du damit aufhören und zusehen, ob du Sportreporter, Bildhauer oder Musiker werden willst. Tu nichts in erster Linie wegen des Einkommens, viel wichtiger ist, dass es dich befriedigt.

7. Wie alt wärst du, wenn du nicht wüsstest, wie alt du bist?

Wärst du alt, in deinen mittleren Jahren, jung? Na, dann vergiss einfach, wie alt du bist. Der Alterungsprozess hat nämlich ganz direkt mit unserer Haltung zu tun, mit dem, was wir glauben.

Unbegrenzte Menschen, behaupte ich, können ihren Todeszeitpunkt selbst wählen. Ich kenne einen Mann, der am Tag vor seinem 97. Geburtstag ankündigte: »Leben ist nicht mehr das, was ich mir für mich wünsche. Morgen sterbe ich.« Und tatsächlich, am nächsten Tag legte er sich hin, machte die Augen zu, und das war's. Es gibt Berichte von indigenen Völkern, deren Häuptlinge das ebenfalls konnten.

Du kannst so lange und so erfüllt leben, wie du möchtest. Sieh dir Leute wie George Bernard Shaw und Will Durant an, die weit über neunzig Jahre alt wurden. Auch du kannst im Alter produktiv und interessiert bleiben und ein erfülltes Leben haben oder eben müde werden und nur noch lamentieren.

Wofür entscheidest du dich?

8. Was für ein Mensch wärst du, wenn du noch einmal ganz neu anfangen könntest?

Würdest du durchsetzungsstärker oder weniger forsch auftreten? Wärst du nervöser oder eher weniger nervös? Würdest du mehr aus dir herausgehen oder eher zu Introvertiertheit neigen? Wenn du heute die Wahl hättest, was wäre dann das Charakteristische an dir? Mach dir klar, dass du deinen Charakter, deine Persönlichkeit ohnehin jeden Tag aufs Neue wählst.

9. Wie würdest du dich beschreiben, wenn du keine fertigen Label verwenden dürftest?

Davon war schon weiter vorn in diesem Buch die Rede, und wenn du dir da noch keine Gedanken zu dieser Frage gemacht hast, kannst du es jetzt nachholen. Ohne dein Alter, deine berufliche Tätigkeit, die Mitglieder deiner Familie, deine Religion, dein Einkommen und dergleichen anzuführen – wie würdest du dich als Mensch beschreiben?

Kannst du dich ohne Labels charakterisieren, oder bist du auf sie angewiesen? Kannst du umreißen, wie es ist, *du* zu sein?

Diese Fragen leisten eine gute Zusammenfassung dessen, worum es in diesem Buch geht. Ich hoffe, du hast verstanden, dass du unter allen Umständen jemand sein kannst, der selbstbestimmt lebt und immer seinem Instinkt vertraut, der kindlich und kreativ sein kann, der tut, was ihm sinnvoll erscheint, der sich aufschwingt wie ein Adler und sein Traumleben verwirklicht.

Ich möchte noch einmal kurz auf Voltaire zurückkommen. Er war jemand, der Könige und Königinnen aufs Korn nahm und vor dessen scharfer Zunge niemand sicher war. Sein Biograf schrieb über ihn (und ich wünschte, das würde auch von mir gesagt werden): »Er war vor allem ein wundersam lebendiger Mann, und die Menschheit, die ja Langeweile noch mehr als die Angst fürchtet, ist all jenen ewig dankbar, die das Leben in einem schnelleren, stärkeren Rhythmus pulsieren lassen.«

Das findet in mir einen sehr starken Widerhall. Wenn ich dein Leben und meins durch das, was ich sage, schreibe und tue, in diesem stärkeren Rhythmus pulsieren lassen kann, dann ist es das, was den Sinn und Zweck meines Lebens ausmacht. Ich habe keinen Blick mehr für Motivation von außen. Ich bleibe ganz bei dem, was ich tue und woran ich glaube, ich lebe meinen Lebensauftrag, und alles andere sorgt irgendwie für sich selbst. Es ist einfach dafür gesorgt.

Alles ist vollkommen, wir müssen nur einmal anhalten, um zu realisieren, dass es so ist. Wenn ich mir all die Verhaltensweisen anschaue, mit denen wir uns selbst behindern, scheint mir, dass es eine besonders hinderliche gibt, nämlich das Geheimnis des Glücks außerhalb unserer selbst zu suchen. Ich habe gelernt, dass es keinen Weg zum Glück gibt. Glück *ist* der Weg.

Tagebuchübung

Notiere in deinem Tagebuch deine Antworten auf die neun Fragen dieses Kapitels. Und wenn du einmal genügend Zeit am Stück hast, lies alles, was du in deinem Tagebuch zu diesem Buch aufgeschrieben hast. Du hast dieses Buch gelesen und auf dich wirken lassen: Was für ein Gefühl hast du von deiner jetzigen Warte aus in Bezug auf deine Aufzeichnungen? Erkennst du bereits Ansätze zu einem Umdenken? Falls nicht, was kannst du tun, damit es dir zur Gewohnheit wird?

Jetzt skizziere noch kurz deine möglichen weiteren Gedanken zu der Frage, wie du das, was du bereits hast, umsetzen könntest, um dir ein Leben der Gesundheit, der Erfüllung, der Freude, der Leidenschaft, des Wachstums, der Gelassenheit und der Liebe zu schaffen – das Leben deiner Träume.

Über den Autor

Wayne W. Dyer, von vielen liebevoll »Vater der Motivation« genannt, war ein international bekannter und gefeierter Autor und Redner, der auf dem Gebiet der Selbstentwicklung Bahnbrechendes leistete. In den vier Jahrzehnten seiner Laufbahn hat er über vierzig Bücher veröffentlicht (von denen einundzwanzig auf der Bestsellerliste der *New York Times* standen), zahlreiche Audioprogramme und Videos geschaffen und ist in buchstäblich Tausenden Radio- und Fernsehsendungen aufgetreten. Seinen Büchern *Manifest Your Destiny, Wisdom of the Ages, Spirituelle Antworten auf alle Probleme* und den *NYT*-Bestsellern *Die 10 Geheimnisse für Erfolg und inneren Frieden, Mit Absicht, Living an Inspired Life, Ändere deine Gedanken – und dein Leben ändert sich, Keine Ausreden!, Werde der du wirklich bist* und *I Can See Clearly Now* wurden eigene Specials im Fernsehen gewidmet.

Er promovierte an der Wayne State University zum Thema Berufsberatung und war Associate Professor an der St. John's University in New York. Er widmete sein Leben dem Lernen und der Suche nach dem höheren Selbst. 2015 verließ er seinen Körper, um zur unendlichen Quelle zurückzukehren und zu seinem nächsten Abenteuer aufzubrechen.

Mehr unter www.DrWayneDyer.com